Tyāgenaike amṛtatvamānaśuḥ

Vain luopumalla voidaan saavuttaa kuolemattomuus

Kaivalya-upaniṣad

I0151947

ॐ

ARCHANA-KIRJA

Suomenkielinen käännös

Mata Amritanandamayi Center

ARCHANA-KIRJA

Julkaisija:
Mata Amritanandamayi Center
P.O. Box 613
San Ramon, CA 94583
Yhdysvallat

Archana Book (Finnish)

Intiassa: www.amritapuri.org
inform@amritapuri.org
Yhteystiedot Suomessa: www.amma.fi

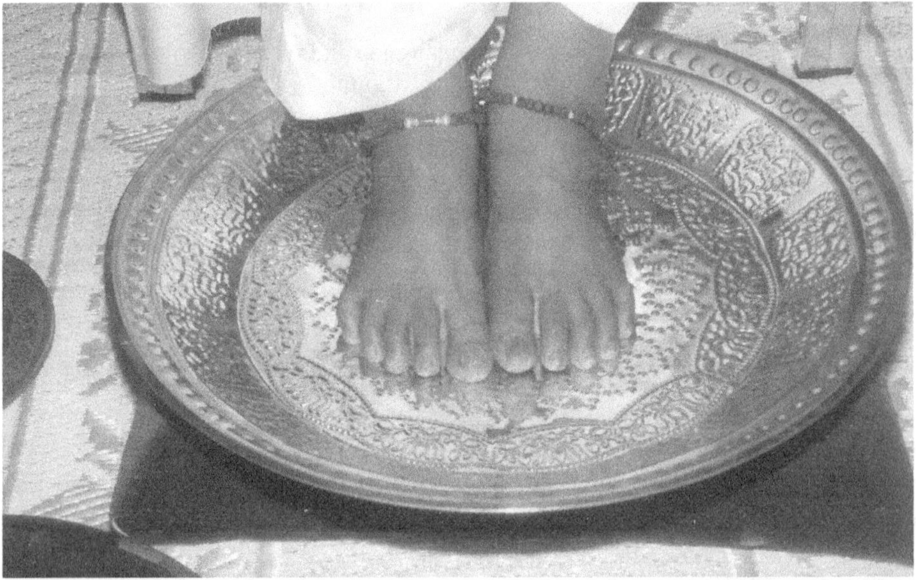

Sisältö

Mānasapuja – jumalanpalvelus visualisointiharjoituksena

Amman ohjeet Jumalallisen Äidin mietiskelemistä varten ennen resitaatiota tai osana meditaatiota.

Istu mukavassa asennossa ja tunne miten syvä rauha täyttää olemuksesi. Hengitä hitaasti, syvään ja tietoisesti 2-3 minuutin ajan. Toista *om-mantraa* kolme kertaa silmät suljettuina. Toistaessasi mantraa kuvittele *om*-soinnun nousevan navasta ylös *sahasraraan* (päälakikeskukseen). Eläydy siihen, että kielteiset ajatukset ja tunteet poistuvat sinusta. Rukoillessasi antaumuksella, rakkaudella ja kyynelehtivällä kaipauksella ”Amma, Amma…” eläydy siihen, että Jumalallinen Äiti seisoo edessäsi hymyilevänä ja katsoen sinua myötätuntoisesti. Nauti minuutin ajan Äidin suurenmoisesta kauneudesta, visualisoiden Hänen jumalaisen olemuksensa päästä varpaisiin. Kumarru Äidin lootusjalkojen juureen tuntien kuinka otsasi koskettaa Hänen pyhiä jalkojaan. Rukoile Häntä: "Oi Äiti, turvaudun Sinuun. Sinä olet ainoa pysyvä totuus ja todellinen tukeni. Ainoastaan Sinä voit antaa minulle todellisen rauhan ja ilon. Älä koskaan hylkää minua, älä koskaan jätä minua!"

Eläydy seuraavaksi siihen, että *Devin* (Jumalallisen Äidin) loistava hahmo seisoo kämmenilläsi. *Devin* silmistä virtaavat myötätunnon säteet täyttävät olemuksesi. Kosketa kevyesti kämmenillä kasvojasi ja kuljeta sitten käsiäsi kasvoista alaspäin (aina varpaisiin asti). Tunne miten jumalallinen energia täyttää sinut, ja tunne miten kaikki epäsuotuisa, kaikki paha poistuu sinusta.

Toista mielessäsi kaiken aikaa: ”Amma, Amma, Amma, älä jätä minua, älä hylkää minua”.

Eläydy seuraavaksi siihen, että kylvetät Äitiä. Kun valutat vettä Äidin päälle, katso miten vesi valuu eri puolille Hänen kehoaan, kunnes vesi saavuttaa Hänen lootusjalkansa. Pese sitten Hänen jalkansa maidolla, *ghiillä* (kirkastetulla voilla), hunajalla, santelipuu-uutteella, ruusuvedellä, jne. Kun peset näillä aineksilla, ihaile samalla Hänen olemuksensa kauneutta. Kuvittele, että uhratessasi nämä ainekset, uhraat samalla oman puhdistetun mielesi Äidille. Käytä seuraavaksi *vibhutia* (pyhää tuhkaa). Eläydy siihen miten tuhka laskeutuu Äidin jaloille. Sirottele sitten kukan terälehtiä Äidin päälle ja ota kaunis pyyhe ja kuivaa Hänen kasvonsa ja kehonsa. Pue Hänet kauniiseen sariin, aivan niin kuin pukisit oman lapsesi. Rukoile: ”Oi Äiti, tule ja asetu minun sydämeeni. Vain jos Sinä olet sydämessäni, voin pitäytyä oikealla polulla.”

Laita seuraavaksi *Deville* hajuvettä ja kaunista Hänet koruilla: korvakoruilla, kaulakorulla, vyökorulla, nilkkakoruilla, jne. Laita *kumkumia* (kirkkaan punaista jauhetta) Hänen otsaansa. Aseta jalokivin koristeltu kruunu Hänen päälaelleen. Laita Äidin kaulaan kukkaseppele. Nauti Äidin mittaamattoman kauneuden katsomisesta ja anna katseesi liikkua rauhassa Hänen päästään kohti jalkoja ja Hänen jaloistaan takaisin ylös. Juttele Äidille niin kuin lapsi, kerro Hänelle mielessäsi olevia asioita. Rukoile: ”Oi Äiti, Sinä olet puhdas rakkaus. Minä olen liian epäpuhdas ansaitakseni Sinun armosi. Tiedän, että itsekeskeisyyteni ja itsekkyyteni ovat Sinulle vastenmielisiä. Ole silti kärsivällinen kanssani. Sinä olet pyhä virta, minä olen seisahtunut, likainen lammikko.

Virtaa minuun ja puhdista minut. Unohda minun puutteeni ja anna minulle anteeksi virheeni."

Kirjoita santelipuutahnalla *om* Äidin jalkapöytien päälle. Uhraa kolme kertaa jaloille kukan terälehtiä. Lausu *dhyana-sloka* meditatiivisesti ja resitoi sitten keskittyneesti *sahasranāmāvali* (Jumalallisen Äidin tuhat nimeä) aloittaen mantrasta *Om śrī mātre namaḥ.* (Jos tuhat nimeä lausutaan ryhmässä, toistetaan jokaisen mantran jälkeen kuorossa *Om parāśaktyai namaḥ*). Toistaessasi kutakin (jumalallista) nimeä kuvittele ottavasi sydämestäsi kukan terälehtiä ja uhraa ne Äidin lootusjaloille. (Kukat edustavat omaa puhdasta sydäntäsi). Kun tuhat nimeä on lausuttu, istu hiljaa selkä suorana muutamia minuutteja, eläydy tuntemaan miten jumalallinen värähtely täyttää koko olemuksesi.

Tarjoa nyt omin käsin makeaa puuroa *naivedyana (*perinteistä, pyhitettyä ruokauhria) Äidille ja kuvittele, että Hän nauttii suuresti sen mausta. Muista että todellinen *naivedya* on puhdas rakkautesi Äitiä kohtaan. Jos haluat, voit myös laulaa Äidille laulun (*bhajanin*). Kuvittele, että Äiti tanssii kuullessaan laulusi. Tanssi mielessäsi Hänen kanssaan. Yht'äkkiä Hän keskeyttää tanssin hyläten sinut ja juoksee pois. Juokse Hänen peräänsä, kunnes saavutat Hänet ja rukoile: "Oi Äiti, miksi hylkäät minut? Miksi annat minun harhailla ja menehtyä tässä *samsaran* (jälleensyntymisen) synkässä metsässä? Palan maallisuuden tulessa. Tule, nosta minut ylös ja pelasta minut." Äiti lopettaa nyt juoksemisen ja kutsuu sinua ojentaen kätensä sinua kohti. Juokse Hänen luokseen ja syleile Häntä. Istu Hänen syliinsä. Ole Äidin kanssa täysin vapaasti niin kuin lapsi on oman äitinsä kanssa, hyväile Hänen kehoaan ja lootusjalkojaan, palmikoi Hänen hiuksiaan, jne. Pyydä, että Äiti ei enää koskaan kiusaisi sinua tällä tavoin. Kerro Hänelle kaikki murheesi ja ahdistuksesi. Kerro Äidille, että et aio enää sallia Hänen jättää sinua. Rukoile Häntä: ”Oi Äiti, uhraan itseni Sinun lootusjalkojesi juureen. Tee minusta itsellesi ihanteellinen käyttöväline. En halua mitään tästä maailmasta. Ainoa toiveeni on muistaa Sinun jumalainen olemuksesi kaiken aikaa ja olla Sinun seurassasi. Anna minun nähdä vain Sinun kauneutesi. Lahjoita minulle sydän, joka ei nauti mistään muusta kuin Sinusta. Olkoon Sinun tahtosi minun tahtoni, tulkoon Sinun ajatuksistasi minun ajatuksiani, Sinun sanoistasi minun sanojani. Mitä hyvänsä teenkin, mitä hyvänsä syön ja juon, olkoon kaikilla toimillani vain yksi tarkoitus – sulautua Sinuun. Anna minun tulla yhtä epäitsekkääksi ja rakastavaksi kuin Sinä.” Puhuessasi ja rukoillessasi näin kiinnitä sydämesi Jumalallisen Äidin olemukseen.

Liikuta palavaa kamferia Äidin edessä; Hän seisoo sinua vastapäätä hymyillen, silmät myötätuntoa säteillen. Kuvittele, että uhraat kaikki hyvät ja huonot ominaisuutesi ja itsesi kokonaan Hänelle.

Tee *pradakshina* (kierrä paikallasi ympäri, myötäpäivään, kolme kierrosta, kuvittele kiertäväsi Hänet) ja kumarru sitten Äidin lootusjalkojen juureen rukous sydämessäsi: ”Oi maailmankaikkeuden Äiti, Sinä olet minun ainoa turvani. Antaudun Sinulle kokonaan.”

Toista nyt rauhan rukoukset (*shanti-mantrat*): *asatoma sadgamaya, lokaha samastaha sukhino bhavantu* ja *purnamada purnamidam*. Nähtyäsi Hänet ja tuntiessasi rauhaa ja täyttymystä sydämessäsi, kumarra Hänelle ja sille paikalle, jossa olet istunut. Päätä tämä *manasa-puja* tähän. Jos mahdollista, meditoi Hänen olemustaan vielä hetkinen.

Mātā Amṛtānandamayi Aṣṭottara Śata Nāmāvali

Ammalle omistetut 108 mantraa

Dhyāna śloka

Dhyāyāmo dhavalāvaguṇṭhanavatīṁ tejomayīm naiṣṭhikīṁ
snigdhāpāṅga vilokinīm bhagavatīṁ mandasmita śrī mukhīṁ
vātsalyāmṛta varṣiṇīm sumadhuraṁ saṅkīrtanālāpinīṁ
śyāmāṅgīṁ madhu sikta sūktīṁamṛtānandātmikām īśvarīṁ

Mietiskelemme Mata Amritanandamayita, joka on säteilevä puhtaan valkoisessa asussaan, joka on ikuisesti vakiintunut totuuteen, joka on hyväntahtoinen ja jonka suopea katse säteilee valloittavaa rakkautta; joka on jumalallisten ominaisuuksien ruumiillistuma, jonka jumalallisilla kasvoilla on lempeän suloinen hymy, joka säteilee lakkaamatta nektarinomaista myötätuntoa, joka laulaa mitä kauneimmin Jumalan ylistystä, jonka sanat ovat kuin hunajaa, joka on kuolemattoman autuuden ruumiillistuma ja joka on itse Jumalatar.

1. **Om pūrṇa brahma svarūpiṇyai namaḥ**
   ...joka on absoluuttisen totuuden (*Brahmanin*) täydellinen ilmentymä.
2. **Om saccidānanda mūrtaye namaḥ**
   ...joka on olemassaolo, tietoisuus ja autuus ruumiillistuneena.
3. **Om ātmā rāmāgragaṇyāyai namaḥ**
   ...joka on ylivertainen Itsestä iloitsevien keskuudessa.
4. **Om yoga līnāntarātmane namaḥ**
   ...jonka puhdas mieli on sulautunut joogaan (sielun ja *Brahmanin* yhtyessä).
5. **Om antar mukha svabhāvāyai namaḥ**
   ...joka on luonteeltaan sisäänpäin kääntynyt.
6. **Om turya tuṅga sthalījjuṣe namaḥ**
   ...joka oleilee korkeimmassa tietoisuuden tilassa, *turyassa*.
7. **Om prabhā maṇḍala vīta yai namaḥ**
   ...joka on täydellisesti jumalallisen valon ympäröimä.

8. **Om durāsada mahaujase namaḥ**
...jonka suuruus on ylittämätön.

9. **Om tyakta dig vastu kālādi sarvāvacceda rāśaye namaḥ**
...joka on kohonnut aikaa, paikkaa ja ainetta koskevien rajoitusten tuolle puolen.

10. **Om sajātīya vijātīja svīya bheda nirākṛte namaḥ**
...joka ei koe eroavaisuuksia (joita ilmenee saman lajin sisällä ja eri lajien välillä).

11. **Om vāṇī buddhi vimṛgyāyai namaḥ**
...jonka puhetta ja älyä ei voi ymmärtää.

12. **Om śaśvad avyakta vartmane namaḥ**
...jonka polku on ikuisesti määrittelemätön.

13. **Om nāma rūpādi śūnyāyai namaḥ**
...joka on vailla nimeä ja muotoa.

14. **Om śūnya kalpa vibhūtaye namaḥ**
...jolle joogan yliluonnolliset kyvyt eivät ole tärkeitä.

15. Om ṣaḍaiśvarya samudrāyai namaḥ

...joka omaa kuusi jumalallista ominaisuutta (*aisvaryan,* runsauden, *viryan*, rohkeuden, *yasasin,* maineen, *srin,* suopeuden, *jnanan,* tiedon ja *vairagyan,* takertumattomuuden).

16. Om dūrī kṛta ṣaḍ ūrmaye namaḥ

...joka on vapaa kuudesta muutoksesta (syntymästä, olemassaolosta, kasvusta, kehityksestä, rappeutumisesta ja tuhoutumisesta).

17. Om nitya prabuddha saṁśuddha nirmuktātma prabhāmuce namaḥ

... josta virtaa Itsen ikuinen, tietoinen, puhdas ja vapaa valo.

18. Om kāruṇyākula cittāyai namaḥ

...jonka mieli on täynnä myötätuntoa.

19. Om tyakta yoga suṣuptaye namaḥ

...joka on luopunut joogisesta unesta.

20. Om kerala kṣmāvatīrṇāyai namaḥ

...joka on inkarnoitunut Keralan osavaltioon.

21. Om mānuṣa strī vapurbhṛte namaḥ

...joka on naisen kehossa.

22. Om dharmiṣṭha suguṇānanda damayantī svayam bhuve namaḥ

...joka on syntynyt omasta tahdostaan hyveellisen Sugunandan ja Damayantin tyttäreksi.

23. Om mātā pitṛ cirācīrṇa puṇya pūra phalātmane namaḥ

...joka syntyi vanhemmilleen heidän monien elämien aikana tekemiensä hyvien tekojen ansiosta.

24. Om niśśabda jananī garbha nirgamādbhuta karmaṇe namaḥ

...joka syntyi äitinsä kohdusta ihmeenomaisesti, ääntäkään päästämättä.

25. Om kālī śrī kṛṣṇa saṅkāśa komala śyāmala tviṣe namaḥ

...jolla on kaunis tumma hipiä, muistuttaen siten *Kalia* ja *Krishnaa*.

26. Om cira naṣṭa punar labdha bhārgava kṣetra sampade namaḥ

...joka on lahja Keralalle, joka rappeutui aikain kuluessa ja on noussut jälleen vaurauteen.

27. Om mṛta prāya bhṛgu kṣetra punar uddhita tejase namaḥ

...joka on Keralan elämä, joka oli kuolemaisillaan ja elpyy jälleen.

28. Om sauśīlyādi guṇākṛṣṭajaṅgama sthāvarālaye namaḥ

...joka vetää puoleensa koko luomakunaa ylevillä ominaisuuksillaan, kuten hyvällä käytöksellään.

29. Om manuṣya mṛga pakṣyādi sarva saṁsevitāṅghraye namaḥ

...jonka jalkoja palvovat ihmiset, eläimet, linnut ja kaikki muut.

30. Om naisargika dayā tīrtha snāna klinnāntarātmane namaḥ

...jonka Itse kylpee myötätunnon pyhässä virrassa.

31. Om daridra janatā hasta samarpita nijāndhase namaḥ
...joka jakoi oman ruokansa köyhille.

32. Om anya vaktra pra bhuktānna pūrita svīya kukṣaye namaḥ
...jonka tulee kylläiseksi toisten saadessa ruokaa.

33. Om samprāpta sarva bhūtātma svātma sattānubhūtaye namaḥ
...joka saavutti kokemuksen oman Itsensä ykseydestä kaikkien luotujen kanssa.

34. Om aśikṣita svayam svānta sphurat kṛṣṇa vibhūtaye namaḥ
... joka tiesi kaiken *Krishnasta* lukematta.

35. Om acchinna madhurodāra kṛṣṇa līlānusandhaye namaḥ
...joka mietiskeli jatkuvasti *Krishnan* viehättäviä tekoja.

36. Om nandātmaja mukhāloka nityotkaṇṭhita cetase namaḥ
...joka halusi kiihkeästi nähdä *Nandan* pojan (*Krishnan*) kasvot.

37. Om govinda viprayogādhi dāva dagdhāntarātmane namaḥ

...jonka mieli paloi tuskan liekeissä joutuessaan olemaan erossa *Govindasta* (*Krishnasta*).

38. Om viyoga śoka sammūrcchā muhur patita varṣmaṇe namaḥ

...joka vaipui usein tajuttomuuteen surusta, joutuessaan olemaan erossa *Krishnasta*.

39. Om sārameyādi vihita śuśrūṣā labdha buddhaye namaḥ

...joka palasi tajuihinsa, kun koirat ja muut eläimet hoitivat häntä.

40. Om prema bhakti balākṛṣṭa prādur bhāvita śārṅgiṇe namaḥ

...jonka ylitsevuotava rakkaus sai *Krishnan* ilmestymään.

41. Om kṛṣṇa loka mahāhlāda dhvasta śokāntarātmane namaḥ

...jonka mieli vapautui surusta *Krishnan* ilmestymisen synnyttämän mittaamattoman ilon tähden.

42. Om kāñcī candraka manjīra vaṁśī śobhi svabhū dṛśe namaḥ

...joka näki säteilevän *Krishnan* kultaisine koristeineen - vöineen, nilkkarenkaineen, riikinkukon sulkineen ja huiluineen.

43. Om sārvatrika hṛṣīkeśa sānnidhya laharī spṛśe namaḥ

...joka näki *Hrisikeshan,* aistinsa voittaneen (Krishnan), kaikkialla.

44. Om susmera tan mukhāloka vismerotphulla dṛṣṭaye namaḥ

...jonka silmät rävähtivät ilosta selälleen nähdessään *Krishnan* hymyilevät kasvot.

45. Om tat kānti yamunā sparśa hṛṣṭa romāṅga yaṣṭaye namaḥ

...jonka ihokarvat nousivat pystyyn hänen koskettaessaan *Krishnan* kauneuden virtaa.

46. Om apratīkṣita samprāptādevī rūpopalabdhaye namaḥ

...joka näki odottamatta Jumallisen Äidin.

47. Om pāṇī padma svapadvīṇā śobhamānāmbikā dṛśe namaḥ

...joka näki Jumalallisen Äidin pitelevän lootuskädessään *vina*-soitinta.

48. Om devī sadyas tirodhāna tāpa vyathita cetase namaḥ

...jonka sydän tuli äärettömän surulliseksi Jumalallisen Äidin kadottua yhtäkkiä.

49. Om dīna rodana nir ghoṣa dīrṇa dikkarṇa vartmane namaḥ

...jonka surullinen valitus raastoi korvia kaikissa ilmansuunnissa.

50. Om tyaktānna pāna nidrādi sarva daihika dharmaṇe namaḥ

...joka luopui kaikista kehon tarpeista, kuten syömisestä, juomisesta, nukkumisesta, jne.

51. Om kurarādi samānīta bhakṣya poṣita varṣmaṇe namaḥ

...jota linnut ja muut eläimet ruokkivat.

52. Om vīṇā niṣyanti saṅgīta lālita śruti nālaye namaḥ

...jonka korvat täyttyivät (Jumalallisen Äidin käsissä olevan vina-soittimen) jumalallisista soinnuista.

53. Om apāra paramānanda laharī magna cetase namaḥ

...jonka mieli sulautui huumaavaan, äärettömään, korkeimpaan autuuteen.

54. Om caṇḍikā bhīkarākāra darśanālabdha śarmaṇe namaḥ

...joka täyttyi rauhalla nähdessään Jumalallisen Äidin kauhistuttavan olomuodon (*Chandikan*).

55. Om śānta rūpāmṛtajharī pāraṇā nirvṛtātmane namaḥ

...joka täyttyi ekstaasista juodessaan (Jumalallisen Äidin autuaallisesta olemuspuolesta) virtaavaa jumalien juomaa.

56. Om śāradā smārakāśeṣa svabhāva guṇa sampade namaḥ

...jonka luonne ja ominaisuudet muistuttavat *Sri Sarada Deviä*.

57. Om prati bimbita cāndreya śāradobhaya mūrtaye namaḥ

... jossa ilmenee *Sri Ramakrishnan* ja *Sri Sarada Devin* olemukset.

58. Om tannāṭakābhinayana nitya raṅgayitātmane namaḥ

...jossa näemme näiden kahden näytelmän uudelleen näyteltynä.

59. Om cāndreya śāradā kelī kallolita sudhābdhaye namaḥ

...joka on jumalien juoman valtameri, jossa *Sri Ramakrishnan* ja *Sri Sarada Devin* erilaisten toimien aallot ilmenevät.

60. Om uttejita bhṛgu kṣetra daiva caitanya raṁhase namaḥ

...joka on lisännyt Keralan jumalallisia mahdollisuuksia.

61. Om bhūyaḥ pratyavaruddhārṣa divya saṁskāra rāśaye namaḥ

...joka on nostanut uudelleen kunniaan *rishien* (valaistuneitten tietäjien) julistamat ikuiset, jumalalliset arvot.

62. Om aprākṛtāt bhūtānanta kalyāṇa guṇa sindhave namaḥ

...joka on luonnollisten, ihmeellisten ja äärettömien jumalallisten ominaisuuksien valtameri.

63. Om aiśvarya vīrya kīrti śrī jñāna vairāgya veśmaṇe namaḥ

...joka on *aisvaryan* (hallitsemisen), *viryan* (rohkeuden), *kirtin* (kunnian), *srin* (suopeuden), *jnanan* (tiedon) ja *vairagyan* (takertumattomuuden) jumalallisten ominaisuuksien ruumiillistuma.

64. Om upātta bāla gopāla veṣa bhūṣā vibhūtaye namaḥ
...joka omaksui *Bala Gopalan* (Krishna-lapsen) olemuksen ja luonteenpiirteet.

65. Om smera snigdha kaṭākṣāyai namaḥ
...jonka silmäykset ovat suloisia ja rakastettavia.

66. Om svairādyuṣita vedaye namaḥ
...joka ohjaa leikkisästi ohjelmia lavalla.

67. Om piñcha kuṇḍala mañjīra vaṁśikā kiṅkiṇī bhṛte namaḥ
...joka piti yllään *Krishnan* koristeita, kuten riikinkukon sulkaa, korvakoruja, nilkkakoruja, ja huilua.

68. Om bhakta lokākhilā bhīṣṭa pūraṇa prīṇanecchave namaḥ
...joka täyttää palvojiensa toiveet eri puolilla maailmaa.

69. Om pīṭhārūḍha mahādevī bhāva bhāsvara mūrtaye namaḥ
...joka näyttää taivaallisen säteilevältä istuessaan Jumalallisen Äidin mielentilassa *peethamilla* (jumalallisella istuimella).

70. Om bhūṣanāmbara veṣa śrī dīpya mānāṅga yaṣṭaye namaḥ

...jonka säteilee Jumalallisen Äidin vaatteissa ja koruissa.

71. Om suprasanna mukhāmbhoja varābhayada pāṇaye namaḥ

...jonka kauniit, lootuskukan kaltaiset kasvot sädehtivät ja joka pitää kättään siunaavassa sennossa.

72. Om kirīṭa raśanākarṇa pūra svarṇa paṭī bhṛte namaḥ

...joka Jumalallisen Äidin tavoin pitää kultaisia koristeita ja kruunua.

73. Om jihva līḍha mahā rogi bībhatsa vraṇita tvace namaḥ

...joka nuolee puhtaaksi kammottavien sairauksien aiheuttamia märkiviä haavoja.

74. Om tvag roga dhvaṁsa niṣṇāta gaurāṅgāpara mūrtaye namaḥ

...joka *Śri Chaitanyan* tavoin on mestari parantamaan ihosairauksia.

75. Om steya hiṁsā surāpānā dyaśeṣādharma vidviṣe namaḥ

...joka ei hyväksy huonoja taipumuksia, kuten varastamista, toisten loukkaamista, päihteiden käyttöä, jne.

76. Om tyāga vairagya maitryādi sarva sadvāsanā puṣe namaḥ

...joka rohkaisee hyvien taipumusten kehittämistä, kuten kieltäymystä, intohimottomuutta, rakkautta, jne.

77. Om pādāśrita manorūḍha dussaṁskāra rahomuṣe namaḥ

...joka poistaa lootusjalkojensa juureen asettuneitten sydämestä huonot taipumukset.

78. Om prema bhakti sudhāsikta sādhu citta guhājjuṣe namaḥ

...joka asustaa antaumuksen nektaria juovien, hyveellisten sydämessä.

79. Om sudhāmaṇi mahā nāmne namaḥ

...jonka suurenmoinen nimi on Sudhamani.

80. Om subhāṣita sudhā muce namaḥ

...jonka puhe on suloista kuin juomalien ruoka.

81. Om amṛtānanda mayyākhyā janakarṇa puṭa spṛśe namaḥ

...jonka nimi Amritanandamayi kaikuu kaikkialla maailmassa.

82. Om dṛpta datta viraktāyai namaḥ

...joka on välinpitämätön turhamaisten ja maailmallisten ihmisten lahjojen suhteen.

83. Om namrārpita bhubhukṣave namaḥ

...joka ottaa nöyrästi vastaan oppilaittensa antaman ruoan.

84. Om utsṛṣṭa bhogi saṅgāyai namaḥ

...joka ei viihdy nautintoa etsivien seurassa.

85. Om yogi saṅga riraṁsave namaḥ

...joka rakastaa joogien seuraa.

86. Om abhinandita dānādi śubha karmā bhivṛddhaye namaḥ

...joka rohkaisee hyviin tekoihin, kuten hyväntekeväisyyteen, jne.

87. Om abhivandita niśśeṣa sthira jaṅgama sṛṣṭaye namaḥ

...jota palvovat tämän maailman aistivat ja ei-aistivat olennot.

88. Om protsāhita brahmavidyā sampradāya pravṛttaye namaḥ
...joka rohkaisee opiskelemaan jumalallista tietoa perinteisessä Guru-oppilas-suhteessa.

89. Om punar āsādita śreṣṭha tapovipina vṛttaye namaḥ
...joka herätti henkiin metsien viisaitten suurenmoisen tavan elää.

90. Om bhūyo gurukulā vāsa śikṣaṇotsuka medhase namaḥ
...joka on halukas perustamaan uudelleen *gurukulan* (mestarin koulun).

91. Om aneka naiṣṭhika brahmacāri nirmātṛ vedhase namaḥ
...joka on monien elinikäisten *brahmacharien* (selibaattioppilaitten) äiti.

92. Om śiṣya saṅkrāmita svīya projvalat brahma varcase namaḥ
...joka on siirtänyt jumalallista loistokkuuttaan opetuslapsilleenkin.

93. Om antevāsi janāśeṣa ceṣṭā pātita dṛṣṭaye namaḥ
...joka tarkkailee kaikkia opetuslastensa toimia.

94. Om mohāndha kāra sañcāri lokā nugrāhi rociṣe namaḥ

...joka ilahduttaa maailmaa siunaamalla, liikkuen niin kuin taivaallinen valo ja karkottaen pimeyden.

95. Om tamaḥ kliṣṭa mano vṛṣṭa svaprakāśa śubhāśiṣe namaḥ

...joka levittää siunauksellista valoaan tietämättömyyden pimeydestä kärsivien sydämeen.

96. Om bhakta śuddhāṇṭa raṅgastha bhadra dīpa śikhā tviṣe namaḥ

...joka on oppilaitten puhtaassa sydämessä palavan lampun kirkas valo.

97. Om saprīthi bhukta bhaktaughanyarpita sneha sarpiṣe namaḥ

...joka nauttii juodessaan oppilaiden tarjoamaa *ghiitä* (puhdistettua voita).

98. Om śiṣya varya sabhā madhya dhyāna yoga vidhitsave namaḥ

...joka riemuitsee istuessaan opetuslastensa kanssa meditoimassa.

99. Om śaśvalloka hitācāra magna dehendriyāsave namaḥ

...jonka keho ja aistit toimivat alati maailman hyväksi.

100. Om nija puṅya pradānānya pāpādāna cikīrṣave namaḥ

...joka mielellään vaihtaa omat ansionsa toisten heikkouksiin.

101. Om para svaryāpana svīya naraka prāpti lipsave namaḥ

...joka vaihtaa onnellisena oman taivaansa toisten helvettiin voidakseen auttaa heitä.

102. Om rathotsava calat kanyā kumārī martya mūrtaye namaḥ

...joka on *Kanyakumarin* (Intian eteläisimmän kärjen) jumalatar ihmishahmossa.

103. Om vimo hārṇava nirmagna bhṛgu kṣetrojjihīrṣave namaḥ

...joka on halukas kohottamaan Keralan, joka on vaipunut tietämättömyyden valtamereen.

104. Om punassantā nita dvaipāyana satkula tantave namaḥ

...joka jatkaa pyhimys *Veda Vyasan* suurta perinnettä (joka syntyi myös kalastajaväen keskuuteen).

105. Om veda śāstra purāṇetihāsa śāśvata bandhave namaḥ

...joka on *vedisen* tiedon ja pyhien kirjoitusten ikuinen ystävä.

106. Om bṛghu kṣetra samun mīlat para daivata tejase namaḥ

...joka on heräävän Keralan jumalallinen loistokkuus.

107. Om devyai namaḥ

...joka on Jumalallinen Äiti.

108. Om premāmṛtānandamayyai nityam namo namaḥ

...joka on täynnä jumalallista rakkautta ja kuolematonta autuutta.

Śrī Lalitā Sahasranāmāvali

Jumalallisen Äidin tuhat nimeä

Dhyānam

Sindūrāruṇa vigrahām tri nayanām māṇikya mauli sphurat tārānāyaka śekharām smita mukhīm āpīna vakṣoruhām pāṇibhyām alipūrṇa ratna caṣakam raktotpalam bibhratīm saumyām ratna ghaṭastha rakta caraṇām dhyāyet parām ambikām

Oi Äiti Ambika, mietiskelen Sinun loistavaa sinduran-punaista hahmoasi, kolmea sädehtivää, pyhää silmääsi, jalokivin koristeltua kruunuasi, kuunsirppiäsi ja suloista hymyäsi. Sinun rintasi ovat ehtymätön lähde elämän maitoa lapsillesi. Toisessa kädessäsi Sinulla on hunaja–astia ja toisessa punainen lootuksenkukka, edustaen iloa ja viisautta, jonka lähde Sinä olet. Sinun jalkasi lepäävät kauniilla, jalokiviä täynnä olevalla astialla, joka ilmaisee että Sinulle antautuvalla ei tule koskaan olemaan puutetta eikä vaikeuksia.

Dhyāyet padmāsanasthām vikasita vadanām padma patrāyatākṣīm
hemābhām pītavastrām kara kalita lasad hema padmām varāṅgīm
sarvālaṅkāra yuktām satatam abhayadām bhaktanamrām bhavānīm
śrī vidyām śānta mūrtim sakala sura nutāmsarva sampat pradātrīm

Oi Äiti, joka istut syvenevää rauhaa ilmentävässä lootuksenkukassa, jonka kasvot säteilevät ja silmät ovat kuin lootuksen terälehdet, joka on pukeutunut kultaiseen asuun ja sädehtiviin koruihin, joka pidät kultaista lootuksenkukkaa kädessäsi suojellen alati eteesi kumartuvaa palvojaa. Salli minun mietiskellä Sinua, oi Sri Vidya (jumalallisen tiedon ruumiillistuma), jota jumalat ylistävät ja joka lahjoitat kaiken vaurauden.

Sakuṅkuma vilepanām alika cumbi kastūrikām
samanda hasitekṣaṇām saśara cāpa pāśāṅkuśām
aśeṣa jana mohinīm aruṇa mālya bhūṣojvalām
japā kusuma bhāsurām japavidhau smaredambikām

Oi maailmankaikkeuden Äiti, istuessani toistamaan mantroja, salli minun mietiskellä hibiscus-kukan kaltaista kauneuttasi, punaista kukkaseppelettä ja säteileviä koruja ylläsi, punaisen sahraminväristä ihoasi ja tummaa myskiä otsallasi, jonka suloinen tuoksu houkuttelee mehiläisiä puoleensa. Sinä pidät käsissäsi jousta ja nuolia, köyttä ja piikkisauvaa, hymyilet ja katselet ympärillesi suloisesti, kujeillen kaikille.

Aruṇām karuṇā taraṅgitākṣīm
dhṛta pāśāṅkuśa puṣpa bāṇa cāpām
aṇimādibhir āvṛtām mayūkhai
raham ityeva vibhāvaye maheśīm

Oi suuri Jumalatar, salli minun mietiskellä olevani yhtä Sinun säteilevän, punaisen hahmosi kanssa. Sinä sädehdit kaikkia valon voimia kuten animaa ja kahdeksaa jumallista hyvettä. Kädessäsi Sinulla on lasso, piikkisauva, jousi ja kukkanuoli, ja Sinun silmäsi lähettävät myötätunnon aaltoja ympärilleen.

1. **Om śrī mātre namaḥ**
   ...joka on hyväntahtoinen Äiti.
2. **Om śrī mahā rājñyai namaḥ**
   ...joka on maailmankaikkeuden hallitsija.
3. **Om śrīmat siṁhāsaneśvaryai namaḥ**
   ...joka on loistokkaan valtaistuimen kuningatar (ja istuu tiikerin selässä).
4. **Om cid agni kuṇḍa sambhūtāyai namaḥ**
   ...joka syntyi puhtaan tietoisuuden tulesta.
5. **Om deva kārya samudyatāyai namaḥ**
   ... joka on valmis täyttämään jumalien toiveet.
6. **Om udyad bhānu sahasrābhāyai namaḥ**
   ...joka säteilee tuhannen nousevan auringon lailla.
7. **Om catur bāhu samanvitāyai namaḥ**
   ...joka on nelikätinen jumala.

8. Om rāga svarūpa pāśāḍhyāyai namaḥ

...joka pitää alhaalla, vasemmassa kädessään rakkauden köyttä.

9. Om krodhā kārāṅkuś ojjvalāyai namaḥ

...joka pitää alhaalla, oikeassa kädessäsi salamoivaa piikkisauvaa, jolla hallitset vihaa ja pahuuden voimia.

10. Om mano rūpekṣu kodaṇḍāyai namaḥ

...jolla on ylemmässä, oikeassa kädessään sokeriruo'osta tehty jousi, edustaen mieltä.

11. Om pañca tanmātra sāyakāyai namaḥ

...jolla on ylemmässä, vasemassa kädessään viisi nuolta, edustaen viittä tanmatraa (luonnon elementtiä).

12. Om nijāruṇa prabhā pūra majjad brahmāṇḍa maṇḍalāyai namaḥ

...joka täyttää maailmankaikkeuden punaisella loistollasi (mikä edustaa rajasisuutta, toimeliaisuutta).

13. Om campakāśoka punnāga saugandhika lasat kacāyai namaḥ

...jonka hiuksia koristavat campaka-, asoka-, punnaga- ja saugandhika –kukat.

14. Om kuruvinda maṇi śreṇī kanat koṭīra maṇḍitāyai namaḥ

...jonka loistokkuutta korostaa kuruvinda-jalokivien koristama kruunu.

15. Om aṣṭamī candra vibhrāja dalika sthala śobhitāyai namaḥ

...jonka otsa loistaa kuin kuunsirppi, joka ilmestyy kahdeksantena yönä puolenkuun jälkeen.

16. Om mukha candra kalaṅkābha mṛganābhi viśeṣakāyai namaḥ

...jonka otsalla oleva myski-merkki loistaa niin kuin tumma täplä kuussa.

17. Om vadana smara māṅgalya gṛha toraṇa cillikāyai namaḥ

...jonka kulmakarvat loistavat niin kuin Kaman, rakkauden jumalan taloon johtavat kaariportit.

18. **Om vaktra lakṣmī parīvāha calan mīnābha locanāyai namaḥ**
...jonka silmät säteilevät kuin kala, joka liikkuu Hänen kasvoiltaan virtaavassa kauneuden joessa.

19. **Om nava campaka puṣpābha nāsā daṇḍa virājitāyai namaḥ**
...jonka nenä on loistavan kaunis niin kuin vasta puhjennut champaka-kukka.

20. **Om tārā kānti tiraskāri nāsābharaṇa bhāsurāyai namaḥ**
...jonka nenäkorun loisto ylittää Venus-tähden loiston.

21. **Om kadamba mañjarī kḷpta karṇapūra manoharāyai namaḥ**
...joka on hurmaava, korvakoruinaan kimppu kadamba-kukkasia.

22. **Om tāṭaṅka yugalī bhūta tapanoḍupa maṇḍalāyai namaḥ**
...jolla on kuu ja aurinko korvakoruinaan.

23. **Om padma rāga śilādarśa paribhāvi kapola bhuve namaḥ**

...jonka poskien kauneus ylittää peilinkirkkaaksi hiottujen rubiinien kauneuden.

24. Om nava vidruma bimba śrī nyakkāri radana cchadāyai namaḥ

...jonka punaiset huulet loistavat kuin vastaleikatut coral- ja bimba-hedelmät.

25. Om śuddha vidyāṅkurākāra dvija paṅkti dvayojjvalāyai namaḥ

...jonka hampaat säteilevät kuvastaen puhtaan tiedon kukannuppuja.

26. Om karpūra vīṭikāmoda samākarṣi digantarāyai namaḥ

...joka nauttii kamferilla täytetyistä betel-lehdistä, joiden tuoksu houkuttelee ihmisiä kaikkialta maailmasta.

27. Om nija sallāpa mādhurya vinirbhartsita kacchapyai namaḥ

...jonka puhe on suloisempaa kuin Sarasvatin vina-soitin katshap.

28. Om manda smita prabhā pūra majjat kāmeśa mānasāyai namaḥ
...jonka säteilevään hymyyn jopa Kamesan (Shivan) mieli uppoutuu.

29. Om anākalita sādṛśya cibuka śrī virājitāyai namaḥ
...jonka leuka on vertaansa vailla kauneudessan.

30. Om kāmeśa baddha māṅgalya sūtra śobhita kandharāyai namaḥ
...jonka kaulaa koristaa Kameshvaran (Shivan) sitoma avioliittonauha.

31. Om kanakāṅgada keyūra kamanīya bhujānvitāyai namaḥ
...jonka kauniita käsivarsia koristavat kultaiset rannerenkaat.

32. Om ratna graiveya cintāka lola muktā phalānvitāyai namaḥ
...jonka kaulaa koristaa jalokivin koristeltu kaulanauha, helmimedaljonkeineen.

33. Om kāmeśvara prema ratna maṇi pratipaṇa stanyai namaḥ

...jonka rinnat ovat palkinto Kamesvaralle (Shivalle) vastalahjaksi tämän rakkauden jalokivestä.

34. Om nābhyālavāla romāli latā phala kuca dvayyai namaḥ

...jonka rinnat ovat kuin hedelmät, navasta alkavassa, ylöspäin levittäytyvässä köynnöksessä.

35. Om lakṣya roma latā dhāratā sumunneya madhyamāyai namaḥ

...jonka uuma on niin sorja, että sen olemassaolon voi päätellä vain siitä, että Hänen hiustensa hienot köynnökset saavat alkunsa siitä.

36. Om stana bhāra dalan madhya paṭṭa bandha vali trayāyai namaḥ

...jonka vatsalla on kolme laskosta tukien hänen vyötäröään niin, että se kestää Hänen rintojensa painon.

37. Om aruṇāruṇa kausumbha vastra bhāsvat kaṭī taṭyai namaḥ

...jonka lanteet on koristeltu vaatteella, joka on punainen kuin nouseva aurinko ja jonka väri on saatu kausumbha-kukasta.

38. Om ratna kiṅkiṇikā ramya raśanā dāma bhūṣitāyai namaḥ

...jolla on arvokkaitten kivien somistamilla kelloilla koristeltu vyö.

39. Om kāmeśa jñāta saubhāgya mārdavoru dvayānvitāyai namaḥ

...jonka kauneuden ja pehmeyden tietävät vain halunsa voittaneeet, kuten Hänen miehensä Kamesha (Shiva).

40. Om māṇikya mukuṭākāra jānu dvaya virājitāyai namaḥ

...jonka polvet ovat kuin arvokkaista manikya-jalokivistä tehdyt kruunut.

41. Om indra gopa parikṣipta smara tūṇābha jaṅghikāyai namaḥ

...jonka pohkeet hohtavat kuin helmin koristeltu rakkauden Jumalan nuoliviini.

42. Om gūḍha gulphāyai namaḥ

...jonka nilkat ovat hyvin muodostuneet ja katseilta piilossa.

43. Om kūrma pṛṣṭha jayiṣṇu prapadānvitāyai namaḥ
...jonka jalan holvi kaareutuu pehmeästi ja kauniisti niin kuin kilpikonnan selkä.

44. Om nakha dīdhiti sañchanna namajjana tamoguṇayai namaḥ
...jonka varpaankynnet säteilevät niin, että tietämättömyyden pimeys häviää palvojan kumartuessa Hänen jalkojensä juureen.

45. Om pada dvaya prabhā jāla parākṛta saroruhāyai namaḥ
...jonka jalat voittavat lootuskukan kauneudessaan.

46. Om śiñjāna maṇi mañjīra maṇḍita śrī padāmbujāyai namaḥ
...jonka myötätuntoiset lootusjalat on koristeltu kultaisilla nilkkarenkailla, joihon on upotettu jalokiviä ja jotka kilisevät kauniisti.

47. Om marālī manda gamanāyai namaḥ
...jonka astunta on hidasta ja kaunista kuin joutsenella.

48. Om mahā lāvaṇya śevadhaye namaḥ
...joka on jumalaisen kauneuden aarreaitta.

49. Om sarvāruṇāyai namaḥ
...jolla on täysin punainen hipiä.

50. Om anavadyāṅgyai namaḥ
...jonka keho on palvonnan arvoinen.

51. Om sarvābharaṇa bhūṣitāyai namaḥ
...jolla on erilaisia jumalallisia koristeita.

52. Om śiva kāmeśvarāṅkasthāyai namaḥ
...joka istuu halunsa voittaneen Shivan sylissä.

53. Om śivāyai namaḥ
...joka on kaiken hyvän antaja.

54. Om svādhīna vallabhāyai namaḥ
...joka hallitsee miestään Shivaa ja siunaa vaimoja hallitsemaan puolisoitaan.

55. Om sumeru madhya śṛṅgasthāyai namaḥ
...joka istuu Sumeru-vuoren keskimmäisellä huipulla.

56. Om śrīman nagara nāyikāyai namaḥ
...joka on uljaimman kaupungin hallitsijatar.

57. Om cintāmaṇi gṛhāntasthāyai namaḥ
...joka asuu (toiveet täyttävistä) cintamani-jalokivistä tehdyssä talossa.

58. Om pañca brahmāsana sthitāyai namaḥ
...joka istuu viiden jumalan (Brahman, Vishnun, Rudran, Ishvaran ja Sadashivan) kehosta tehdyllä istuimella.

59. Om mahā padmāṭavī saṁsthāyai namaḥ
...joka asuu (päälakikeskuksen) suuressa lootus-metsässä.

60. Om kadamba vana vāsinyai namaḥ
...joka asuu kadamba-puiden muodostamassa metsässä.

61. Om sudhā sāgara madhyasthāyai namaḥ
...joka asuu nektari-valtameren keskellä.

62. Om kāmākṣyai namaḥ

...jonka silmät herättävät halun vapautua.

63. Om kāma dāyinyai namaḥ

...joka täyttää kaikki toiveet.

64. Om devarṣi gaṇa saṅghāta stūyamānātma vaibhavāyai namaḥ

...jonka voimia ylistävät sekä jumalat että pyhimykset.

65. Om bhaṇḍāsura vadhodyukta śakti senā samanvitāyai namaḥ

...joka on varustettu shakti-armeijalla (voimilla), joilla hän kykenee tuhoamaan Bhandasuran (tietämättömyyden paholaisen).

66. Om sampatkarī samārūḍha sindhura vraja sevitāyai namaḥ

...jonka seurassa ovat Sampatkarin taitavasti johtama norsujen rykmentti.

67. Om aśvārūḍhādhiṣṭhitāśva koṭi koṭibhir āvṛtāyai namaḥ

...jota ympäröi Asvarudha-shaktin komentama kymmenien miljoonien hevosten ratsuväki.

68. Om cakra rāja rathārūḍha sarvāyudha pariṣkṛtāyai namaḥ

...joka istuu monelaisia aseita kuljettavassa kuninkaallisissa chakra-vaunuissa.

69. Om geya cakra rathārūḍha mantriṇī pari sevitāyai namaḥ

...jota Mantrini-voima (shakti) palvelee ajaen Geyachakra-vaunuilla.

70. Om kiri cakra rathārūḍha daṇḍanāthā puras kṛtāyai namaḥ

...jota Dandanatha-shakti saattaa ajaen Kirichakra-vaunuilla.

71. Om jvālā mālinikākṣipta vahni prākāra madhyagāyai namaḥ

...joka istuu Jvalamalini-jumalattaren luoman tulisen metsän keskellä.

72. Om bhaṇḍa sainya vadhodyukta śakti vikrama harṣitāyai namaḥ

...joka iloitsee shakti-voimien kyvykkyydestä tuhota Bhanda-asuran (tietämättömyyden paholaisen) armeija.

73. Om nityā parākramāṭopa nirīkṣaṇa samutsukāyai namaḥ
...joka iloitsee Nityā-jumalien kyvyykkyydestä näiden hyökätessä Bhandan armeijaa vastaan.

74. Om bhaṇḍa putra vadhodyukta bālā vikrama nanditāyai namaḥ
...joka on ylitsevuotavaisen iloinen tyttärensä Balan (mantrini-shaktin) aikomuksesta lyödä taistelussa Bhandan pojat.

75. Om mantriṇyambā viracita viṣaṅga vadha toṣitāyai namaḥ
...joka iloitsee siitä, että mantrini-shakti (Bala) tuhoaa taistelussa demoni Visangan.

76. Om viśukra prāṇa haraṇa vārāhī vīrya nanditāyai namaḥ
...joka on mielissään Varahin taitavuudesta, kun tämä ottaa hengen Visukralta.

77. Om kāmeśvara mukhāloka kalpita śrī gaṇeśvarāyai namaḥ
...joka sai aikaan Ganeshan (norsupäisen jumalan) luomisen vain katsomalla Kamesvaran (Shivan) kasvoja.

78. Om mahā gaṇeśa nirbhinna vighna yantra praharṣitāyai namaḥ

...joka iloitsee, kun Ganesha tuhoaa kaikki (Bhandan suunnittelemat maagiset) esteet, jotka estäisivät Hänen (Devin) voiton.

79. Om bhaṇḍāsurendra nirmukta śastra pratyastra varṣiṇyai namaḥ

...joka lähettää vasta-aseet kaikkiin Bhandan Häntä vastaan sinkoamiin aseisiin.

80. Om karāṅguli nakhotpanna nārāyaṇa daśākṛtyai namaḥ

...joka loi sormenkynsillään nārāyaṇan (Vishnun) kymmenen inkarnaatiota (jotta tämä voisi tuhota paholaiset).

81. Om mahā pāśupatāstrāgni nirdagdhāsura sainikāyai namaḥ

...joka poltti demoniarmeijan pāsupata-ohjuksensa tulen avulla.

82. Om kāmeśvarāstra nirdagdha sabhaṇḍāsura śūnyakāyai namaḥ

...joka poltti ja tuhosi mahtavalla kamesvara-ohjuksellaan sekä Bhandan että hänen pääkaupunkinsa Sunyakan.

83. Om brahmopendra mahendrādi deva saṁstuta vaibhavāyai namaḥ

...jonka monia voimia ylistävät Brahma, Vishnu, Shiva ja muut jumalat.

84. Om hara netrāgni sandagdha kāma sañjīvanauṣadhyai namaḥ

...joka antoi elämän eliksiiriä Kamadevalle (rakkauden jumalalle), jonka Shivan silmästä lähtenyt tuli oli polttanut tuhkaksi.

85. Om śrīmad vāgbhava kūṭaika svarūpa mukha paṅkajāyai namaḥ

...jonka lootuskasvot ovat hyväenteinen vagbhavakuta (pancadasi-mantran tavut).

86. Om kaṇṭhādhaḥ kaṭi paryanta madhya kūṭa svarūpiṇyai namaḥ

...jonka vartalo niskasta vyötäröön edustaa madhyakutaa (pancadasaksari-mantran keskimmäistä kuutta tavua).

87. Om śakti kūṭaikatāpanna kaṭyadhobhāga dhāriṇyai namaḥ

...jonka keho vyötäröstä alaspäin on shaktikuta (pancadasaksari-mantran neljä viimeistä tavua).

88. Om mūla mantrātmikāyai namaḥ

...joka on mula-mantran (pancadasaksari-mantran) ruumiillistuma.

89. Om mūla kūṭa traya kalebarāyai namaḥ

...jonka (hienojakoinen) keho on muodostunut pancadasaksari-mantran kolmesta osasta.

90. Om kulāmṛtaika rasikāyai namaḥ

...joka pitää erityisesti kula-nektarista.

91. Om kula saṅketa pālinyai namaḥ

...joka suojelee joogan rituaalista kula-polkua (kundaliinin kulkureittiä).

92. Om kulāṅganāyai namaḥ

...joka on kula-polun opastaja ja jonka voivat oppia tuntemaan vain Hänelle läheiset.

93. Om kulāntasthāyai namaḥ

...joka asuu kaikkialla, jossa on shaktin (jumalallisen voiman) palvojia.

94. Om kaulinyai namaḥ

...jota kutsutaan Kauliniksi, joka on kundaliinin kulkureitin, kulan palvonnan ydin.

95. Om kula yoginyai namaḥ

...joka on kulan-jumalatar (kundaliini-jumalatar).

96. Om akulāyai namaḥ

...joka on Akula (Shiva), joka oleilee tuhatlehtisessä lootuksessa, kula-polun päätepisteessä.

97. Om samayāntasthāyai namaḥ

...joka asuu samajassa (jossa palvonta tehdään sisäisesti meditaation avulla ja jonka mukaan Shiva-Shaktin kaikki olemuspuolet ovat yhtä tärkeitä).

98. Om samayācāra tatparāyai namaḥ
...joka on viehättynyt samayan palvontaan.

99. Om mūlādhāraika nilayāyai namaḥ
...jonka alkuperäinen asuinpaikka on muladhara (juurichakra).

100. Om brahma granthi vibhedinyai namaḥ
...joka murtautuu läpi Brahman solmun.

101. Om maṇipūrāntar uditāyai namaḥ
...joka sulautuu manipuraan (napachakraan).

102. Om viṣṇu granthi vibhedinyai namaḥ
...joka murtautuu läpi Vishnun solmun.

103. Om ājñā cakrāntarālasthāyai namaḥ
...joka asustaa ājñāchakrassa (otsakeskuksessa).

104. Om rudra granthi vibhedinyai namaḥ
...joka murtautuu läpi Shivan solmun.

105. Om sahasrārāmbujārūḍhāyai namaḥ
...joka kohoaa tuhatlehtiseen lootukseen, sahasraraan (päälakikeskukseen).

106. Om sudhā sārābhi varṣiṇyai namaḥ
...joka saa ambrosian (nektarin) virtaamaan.

107. Om taḍil latā sama rucyai namaḥ
...joka on kaunis kuin salaman välähdys.

108. Om ṣaṭ cakropari saṁsthitāyai namaḥ
...joka vakiintuu kuuden chakran yläpuolelle.

109. Om mahā saktyai namaḥ
...jonka suuri ilo johtuu Shivan ja Shaktin yhtymisestä.

110. Om kuṇḍalinyai namaḥ
...jolla on kiertynyt muoto, kundaliinikäärmeenä muladharassa.

111. Om bisa tantu tanīyasyai namaḥ
...joka on hyvä ja hieno niin kuin lootuksen säie.

112. Om bhavānyai namaḥ

...joka on Bhavani (Bhavan eli Shivan) vaimo.

113. Om bhāvanāgamyāyai namaḥ

...jota ei voi saavuttaa mielikuvien eikä ajatusten avulla.

114. Om bhavāraṇya kuṭhārikāyai namaḥ

...joka on kuin kirves, joka leikkaa samsaran (jälleensyntymisen ja tietämättömyyden) viidakkoa.

115. Om bhadra priyāyai namaḥ

...joka pitää hyvistä asioita ja antaa hyviä asioita.

116. Om bhadra mūrtaye namaḥ

...joka on hyväntahtoisuuden ruumiillistuma.

117. Om bhakta saubhāgya dāyinyai namaḥ

...joka suo sekä henkistä että maallista vaurautta seuraajilleen.

118. Om bhakti priyāyai namaḥ

...joka pitää antaumuksellisesta rakkaudesta.

119. Om bhakti gamyāyai namaḥ
...jonka voi saavuttaa vain antaumuksen avulla.

120. Om bhakti vaśyāyai namaḥ
...jonka voittaa omakseen todellisen antaumuksen avulla.

121. Om bhayāpahāyai namaḥ
...joka häivyttää kaikki pelot.

122. Om śāmbhavyai namaḥ
...joka on Sambhavi (Shivan vaimo), onnen ja vaurauden antaja.

123. Om śāradārādhyāyai namaḥ
...jota Sarada (puheen jumalatar) palvoo.

124. Om śarvāṇyai namaḥ
...joka on Sarvan (Shivan) vaimo.

125. Om śarma dāyinyai namaḥ

...joka suo onnellisuutta.

126. Om śāṅkaryai namaḥ
...joka antaa onnellisuutta.

127. Om śrīkaryai namaḥ
...joka antaa runsaasti rikkauksia.

128. Om sādhvyai namaḥ
...joka on siveä.

129. Om śarac candra nibhānanāyai namaḥ
...jonka kasvot loistavat kuin täysikuu kirkkaalla syystaivaalla.

130. Om śātodaryai namaḥ
...jolla on hoikka uuma.

131. Om śāntimatyai namaḥ
...joka on rauhallinen.

132. Om nir ādhārāyai namaḥ

...joka on riippuvuuksista vapaa.

133. Om nir añjanāyai namaḥ

...joka pysyy täysin riippumattomana, vailla kaikkia sidoksia.

134. Om nir lepāyai namaḥ

...joka on vapaa toiminnasta syntyvistä epäpuhtauksista.

135. Om nir malāyai namaḥ

...joka on vapaa kaikista epäpuhtauksista.

136. Om nityāyai namaḥ

...joka on ikuinen.

137. Om nir ākārāyai namaḥ

...joka on muotoa vailla oleva.

138. Om nir ākulāyai namaḥ

...joka on vapaa levottomuudesta.

139. Om nir guṇāyai namaḥ

...joka on luonnon kolmen ominaisuuden (sattva-, rajas- ja tamas-gunan) tuolla puolen.

140. Om niṣ kalāyai namaḥ
...joka on jakamaton kokonaisuus.

141. Om śāntāyai namaḥ
..joka on aina tyyni.

142. Om niṣ kāmāyai namaḥ
...joka on vapaa haluista.

143. Om nir upaplavāyai namaḥ
...joka on tuhoutumaton.

144. Om nitya muktāyai namaḥ
...joka on ikuisesti vapaa maallisista sidoksista.

145. Om nir vikārāyai namaḥ
...joka on muuttumaton.

146. Om niṣ prapañcāyai namaḥ
...joka ei ole tästä moninaisuuden maailmankaikkeudesta.

147. Om nir āśrayāyai namaḥ
...joka ei ole riippuvainen mistään eikä kenestäkään.

148. Om nitya śuddhāyai namaḥ
...joka on ikuisesti puhdas.

149. Om nitya buddhāyai namaḥ
...joka on ikuisesti viisas.

150. Om nir avadyāyai namaḥ
...joka on moitteeton ja ylistämisen arvoinen.

151. Om nir antarāyai namaḥ
...joka on kaikkialla läsnäoleva.

152. Om niṣ kāraṇāyai namaḥ
...jolla ei ole alkusyytä, sillä Hän on itse Se.

153. Om niṣ kalaṅkāyai namaḥ
...joka on tahraton.

154. Om nir upādhaye namaḥ
...joka on rajaton ja jota ei ole ehdollistettu millään.

155. Om nir īśvarāyai namaḥ
...jota korkeampaa ei ole.

156. Om nīrāgāyai namaḥ
...jolla ei ole himoja.

157. Om rāga mathanāyai namaḥ
...joka tuhoaa intohimot.

158. Om nir madāyai namaḥ
...joka on vapaa ylpeydestä.

159. Om mada nāśinyai namaḥ
...joka tuhoaa ylpeyden.

160. Om niś cintāyai namaḥ

...joka ei epäile mitään ja jolla ei ole kiihkeää halua mihinkään.

161. Om nir ahaṅkārāyai namaḥ

...joka on vapaa itsekkyydestä, jolla ei ole 'minä' ja 'minun' tunnetta.

162. Om nir mohāyai namaḥ

...joka on harha-aistimuksista vapaa.

163. Om moha nāśinyai namaḥ

...joka tuhoaa oppilaittensa harha-aistimukset.

164. Om nir mamāyai namaḥ

...jolla ei ole itsekästä kiinnostusta mihinkään, sillä kaikki sisältyy Häneen.

165. Om mamatā hantryai namaḥ

...joka tuhoaa omistamisen tunteen.

166. Om niṣ pāpāyai namaḥ

...joka on synnitön.

167. Om pāpa nāśinyai namaḥ
...joka tuhoaa synnit ja niiden alkusyyt.

168. Om niṣ krodhāyai namaḥ
...joka on vapaa vihasta.

169. Om krodha śamanyai namaḥ
...joka tuhoaa taipumuksen vihastua.

170. Om nir lobhāyai namaḥ
...joka on vapaa ahneudesta.

171. Om lobha nāśinyai namaḥ
...joka tuhoaa seuraajiensa ahneuden.

172. Om niḥ saṁśayāyai namaḥ
...joka on vapaa epäilyksestä.

173. Om saṁśaya ghnyai namaḥ
...joka tuhoaa kaikki epäilykset.

174. Om nir bhavāyai namaḥ

...joka on vailla alkua.

175. Om bhava nāśinyai namaḥ

...joka tuhoaa samsaran (syntymän ja kuoleman kiertokulun) aiheuttaman surun. .

176. Om nir vikalpāyai namaḥ

...joka on vapaa vääristä mielikuvista, sillä hän on puhdas tietoisuus.

177. Om nir ābādhāyai namaḥ

...jota ei häiritse mikään.

178. Om nir bhedāyai namaḥ

...joka on erilaisuuden tunteen tuolla puolen.

179. Om bheda nāśinyai namaḥ

...joka tuhoaa oppilaitten vasanoitten (kielteisten ominaisuuksien) aiheuttamat tunteet erilaisuudesta.

180. Om nir nāśāyai namaḥ

...joka on häviämätön.

181. Om mṛtyu mathanyai namaḥ

...joka tuhoaa kuoleman.

182. Om niṣ kriyāyai namaḥ

...joka pysyttelee toimimattomuuden tilassa.

183. Om niṣ parigrahāyai namaḥ

...joka ei kerää mitään eikä ota vastaan lahjoja, sillä koko maailmankaikkeus on hänen.

184. Om nis tulāyai namaḥ

...joka on vertaansa vailla oleva.

185. Om nīla cikurāyai namaḥ

..jolla on kiharat, hohtavan mustat hiukset.

186. Om nir apāyāyai namaḥ

...joka on katoamaton.

187. Om nir atyayāyai namaḥ
...jota ei voi hävittää.

188. Om durlabhāyai namaḥ
...jota on vaikea saavuttaa.

189. Om durgamāyai namaḥ
...jota voi lähestyä ainoastaan ankaran ponnistelun avulla.

190. Om durgāyai namaḥ
...joka on Durga-jumalatar.

191. Om duḥkha hantryai namaḥ
...joka tuhoaa surun.

192. Om sukha pradāyai namaḥ
...joka suo kaikkinaisen onnellisuuden.

193. Om duṣṭa dūrāyai namaḥ
...joka pysyttelee kaukana pahoista.

194. Om durācāra śamanyai namaḥ
...joka lopettaa pahat tavat.

195. Om doṣa varjitāyai namaḥ
...joka on virheetön.

196. Om sarvajñāyai namaḥ
...joka on kaikkitietävä.

197. Om sāndra karuṇāyai namaḥ
...joka osoittaa syvää myötätuntoa.

198. Om samānādhika varjitāyai namaḥ
...jolle ei löydy vertaista eikä ylempää.

199. Om sarva śakti mayyai namaḥ
...jolla on kaikki jumalalliset voimat (shaktit).

200. Om sarva maṅgalāyai namaḥ
...joka on kaiken hyväntahtoisuuden alkulähde.

201. Om sad gati pradāyai namaḥ
...joka ohjaa pelastukseen vievälle polulle.

202. Om sarveśvaryai namaḥ
...joka hallitsee sekä elollista että elotonta maailmaa.

203. Om sarva mayyai namaḥ
...joka läpäisee jokaisen elollisen ja elottoman olennon.

204. Om sarva mantra svarūpiṇyai namaḥ
...joka on kaikkien mantrojen ydinolemus.

205. Om sarva yantrātmikāyai namaḥ
...joka on kaikkien yantrojen (mystisten kuvioiden) ydinolemus.

206. Om sarva tantra rūpāyai namaḥ
...joka on kaikkien tantrojen (henkisten harjoitusten) ydinolemus.

207. Om manonmanyai namaḥ
...joka on Shivan Shakti eli energia.

208. Om māheśvaryai namaḥ
...joka on (Shivan puoliso) Mahesvari.

209. Om mahā devyai namaḥ
...joka on suurin jumalatar.

210. Om mahā lakṣmyai namaḥ
...joka on suuri jumalatar Lakshmi.

211. Om mṛḍa priyāyai namaḥ
...joka on Mridan (Shivan) rakastettu.

212. Om mahā rūpāyai namaḥ
...jonka muoto on loistava.

213. Om mahā pūjyāyai namaḥ
...joka on suurin palvonnan kohde.

214. Om mahā pātaka nāśinyai namaḥ
...joka tuhoaa jopa synneistä suurimmat sekä niiden vaikutukset.

215. Om mahā māyāyai namaḥ
...joka on mahamaya (suuri illuusio), josta maailmankaikkeus koostuu.

216. Om mahā sattvāyai namaḥ
...joka omaa mahtavat ominaisuudet (sattvan).

217. Om mahā śaktyai namaḥ
...joka on rajaton energia (shakti).

218. Om mahā ratyai namaḥ
...joka on rajattoman ilon lähde.

219. Om mahā bhogāyai namaḥ
...joka nauttii aina ja kaikesta.

220. Om mahaiśvaryāyai namaḥ
...joka omaa ylimmän vallan.

221. Om mahā vīryāyai namaḥ
...joka on rohkeudessaan ylittämätön.

222. Om mahā balāyai namaḥ
...jonka voima on mittaamaton.

223. Om mahā buddhyai namaḥ
...joka omaa korkeimman älyn.

224. Om mahā siddhyai namaḥ
...joka on varustettu parhaimmilla kyvyillä (siddheillä).

225. Om mahā yogeśvareśvaryai namaḥ
...jota jopa suurimmat joogit palvovat.

226. Om mahā tantrāyai namaḥ
…joka on suurin tantra.

227. Om mahā mantrāyai namaḥ
…joka on suurin mantra.

228. Om mahā yantrāyai namaḥ
...joka on suurin yantra.

229. Om mahāsanāyai namaḥ
...joka istuu mahtavalla istuimella.

230. Om mahā yāga kramārādhyāyai namaḥ
...jota palvotaan mahayaga-rituaalilla (korkeimmalle uhrilla).

231. Om mahā bhairava pūjitāyai namaḥ
...jota jopa Mahabhairava (Shiva) palvoo.

232. Om maheśvara mahākalpa mahātāṇḍava sākṣiṇyai namaḥ
...joka todistaa Mahesvaran (Shivan) suurta tanssia luomisen kierron lopussa.

233. Om mahā kāmeśa mahiṣyai namaḥ
...joka on Mahakamesan suuri kuningatar (halujen jumalatar).

234. Om mahā tripura sundaryai namaḥ
...joka on suuri Tripurasundari.

235. Om catuḥ ṣaṣtyupacārāḍhyāyai namaḥ
...jota palvotaan 64 eri seremonialla.

236. Om catuḥ ṣaṣṭi kalā mayyai namaḥ
...joka on 64 taiteen ruumiillistuma

237. Om mahā catuḥ ṣaṣṭi koṭi yoginī gaṇa sevitāyai namaḥ
...jota 640 miljoonaa jooginia palvoo.

238. Om manu vidyāyai namaḥ
...joka on manuvidyan (alkuihmistä koskevan tiedon) ruumiillistuma.

239. Om candra vidyāyai namaḥ
...joka on candravidyan (kuuta koskevan tiedon) ruumiillistuma

240. Om candra maṇḍala madhyagāyai namaḥ
...joka asustaa keskellä kuuta (Shivan hiuksissa olevassa puolikuussa).

241. Om cāru rūpāyai namaḥ
...jonka kauneus ei vähene.

242. Om cāru hāsāyai namaḥ
...jolla on valloittava hymy.

243. Om cāru candra kalā dharāyai namaḥ
...jolla on kruununaan kaunis puolikuu.

244. Om carācara jagan nāthāyai namaḥ
...joka kuningattarena hallitsee sekä aineellista että aineetonta maailmaa.

245. Om cakra rāja niketanāyai namaḥ
...joka asustaa Srichakrassa (mystisessä kuviossa).

246. Om pārvatyai namaḥ
...joka on Parvati, Himalajan tytär.

247. Om padma nayanāyai namaḥ
...jonka silmät ovat kauniit ja syvät kuin lootuskukan terälehdet.

248. Om padma rāga sama prabhāyai namaḥ
...jolla on hohtava rubiinin punainen iho.

249. Om pañca pretāsanāsīnāyai namaḥ
...joka istuu viiden ruumiin muodostamalla istuimella.

250. Om pañca brahma svarūpiṇyai namaḥ
...jonka olemus on muodostunut viidestä Brahmasta (jumalasta).

251. Om cinmayyai namaḥ
...joka on tietoisuus.

252. Om paramānandāyai namaḥ
...joka on korkein autuus.

253. Om vijñāna ghana rūpiṇyai namaḥ
...joka on kaikkialla läsnäolevan, vakaan älyn korkein ruumiillistuma.

254. Om dhyāna dhyātṛ dhyeya rūpāyai namaḥ
...joka säteilee meditaationa, meditoijana ja meditaation kohteena.

255. Om dharmādharma vivarjitāyai namaḥ
...joka on hyvän ja pahan tuolla puolen.

256. Om viśva rūpāyai namaḥ
...jonka muotona on koko maailmankaikkeus.

257. Om jāgariṇyai namaḥ
...joka on valveillaolon tilassa.

258. Om svapantyai namaḥ
...joka on unitilassa.

259. Om taijasātmikāyai namaḥ
...joka on taijasan sielu (sielu unitilassa).

260. Om suptāyai namaḥ
...joka on syvän unen tilassa.

261. Om prājñātmikāyai namaḥ
...joka on sielu sen ollessa syvän unen tilassa.

262. Om turyāyai namaḥ
...joka on turyan tilassa (neljännessä tietoisuuden tilassa).

263. Om sarvāvasthā vivarjitāyai namaḥ
...joka ylittää kaikki mielentilat.

264. Om sṛṣṭi kartryai namaḥ

...joka on kaiken luojatar.

265. Om brahma rūpāyai namaḥ

...joka on omaksunut Brahman muodon (luodakseen maailmankaikkeuden).

266. Om goptryai namaḥ

...joka suojelee.

267. Om govinda rūpiṇyai namaḥ

...joka on omaksunut Govindan (Vishnun) muodon voidakseen hallita maailmankaikkeutta.

268. Om saṁhāriṇyai namaḥ

...joka on maailmankaikkeuden tuhoaja.

269. Om rudra rūpāyai namaḥ

...joka on omaksunut Rudran (Shivan) muodon voidakseen tuhota maailmankaikkeuden.

270. Om tirodhāna karyai namaḥ
...joka saa aikaan maailmankaikkeuden palaamisen alkutilaan.

271. Om īśvaryai namaḥ
...joka on īśvari, kaiken suojelija ja hallitsija.

272. Om sadā śivāyai namaḥ
...joka on Sadāśiva, kaiken hyvän antaja.

273. Om anugraha dāyai namaḥ
...joka suo armon.

274. Om pañca kṛtya parāyaṇāyai namaḥ
...joka on omistautunut viidelle toiminnolle (luominen, ylläpitäminen, tuhoaminen, kaiken katoaminen ja uudelleen syntyminen).

275. Om bhānu maṇḍala madhyasthāyai namaḥ
...jota meditoidaan auringon keskipisteessä olevana.

276. Om bhairavyai namaḥ

...joka on Bhairavi, tuhon jumalatar.

277. Om bhaga mālinyai namaḥ

...jonka kaulassa on kukkaseppele, joka koostuu kuudesta täydellisestä ominaisuudesta.

278. Om padmāsanāyai namaḥ

..joka istuu lootuskukassa.

279. Om bhagavatyai namaḥ

...joka on korkein jumalatar.

280. Om padma nābha sahodaryai namaḥ

...joka on lootusnavan omaavan (Vishnun) sisar.

281. Om unmeṣa nimiṣotpanna vipanna bhuvanāvalyai namaḥ

...joka saa aikaan maailmankaikkeuksien syntymisten ja tuhoutumisten aina uudelleen avaamalla ja sulkemalla silmänsä.

282. Om sahasra śīrṣa vadanāyai namaḥ

...jolla on tuhansittain päitä ja kasvoja.

283. Om sahasrākṣyai namaḥ
...jolla on tuhansittain silmiä.

284. Om sahasra pade namaḥ
...jolla on tuhansia jalkoja.

285. Om ābrahma kīṭa jananyai namaḥ
...joka on kaikkien Äiti, aina korkeimmasta Brahmasta alimpaan hyönteiseen.

286. Om varṇāśrama vidhāyinyai namaḥ
...joka sai aikaan sosiaalisen järjestyksen yhteiskunnassa.

287. Om nijājñā rūpa nigamāyai namaḥ
...jonka käskyt ovat muotoutuneet Vedoiksi.

288. Om puṇyāpuṇya phala pradāyai namaḥ
...joka jakaa sekä hyvien että pahojen tekojen hedelmät.

289. Om śruti sīmanta sindūrī kṛta pādābja dhūlikāyai namaḥ

...jonka jalkojen nostattamasta pölystä muodostuu punainen viiva Sruti-jumalattarien (vedojen henkilöitymien) hiusrajaan, näiden kumartaessa hänelle.

290. Om sakalāgama sandoha śukti sampuṭa mauktikāyai namaḥ

...joka on pyhistä kirjoituksista tehdyn simpukan mittaamattoman arvokas helmi.

291. Om puruṣārtha pradāyai namaḥ

...joka suo ihmisen elämän neljä arvokasta tavoitetta.

292. Om pūrṇāyai namaḥ

...joka on aina täysi, joka ei kasva eikä vanhene.

293. Om bhoginyai namaḥ

...joka on nauttija.

294. Om bhuvaneśvaryai namaḥ

...joka on maailmankaikkeuden hallitsija.

295. Om ambikāyai namaḥ

...joka on maailmankaikkeuden äiti.

296. Om anādi nidhanāyai namaḥ
...joka on vailla alkua ja loppua.

297. Om hari brahmendra sevitāyai namaḥ
...jota palvelevat jopa sellaiset jumalat kuten Hari, Brahma ja Indra.

298. Om nārāyaṇyai namaḥ
...joka on Narayani eli Narayanan (Vishnun) puoliso.

299. Om nāda rūpāyai namaḥ
...joka ilmenee nādana (kosmisena äänenä).

300. Om nāma rūpa vivarjitāyai namaḥ
...joka on nimeä ja muotoa vailla (Para-Brahman).

301. Om hrīṅ kāryai namaḥ
...joka on omaksunut hrīṅ-mantran muodon.

302. Om hrīmatyai namaḥ

...joka on vaatimaton.

303. Om hṛdyāyai namaḥ

...joka asustaa sydämessä.

304. Om heyopādeya varjitāyai namaḥ

...joka ei torju mitään eikä ota vastaan lahjoja.

305. Om rāja rājārcitāyai namaḥ

...jota kuninkaiden kuningas palvoo.

306. Om rājñyai namaḥ

...joka on Shivan kuningatar.

307. Om ramyāyai namaḥ

...joka tuo iloa, joka on ihana.

308. Om rājīva locanāyai namaḥ

...jonka silmät ovat kuin lootuksenkukat.

309. Om rañjinyai namaḥ

...joka ilahduttaa mieltä.

310. Om ramaṇyai namaḥ

...joka antaa iloa.

311. Om rasyāyai namaḥ

...joka on kaikkien nautintojen alkulähde

312. Om raṇat kiṅkiṇi mekhalāyai namaḥ

...jolla on vyöllään heliseviä kelloja.

313. Om ramāyai namaḥ

...josta on tullut Ramaa eli Lakshmi.

314. Om rākendu vadanāyai namaḥ

...jonka kasvot suovat yhtä paljon iloa kuin täysikuu.

315. Om rati rūpāyai namaḥ

...joka on omaksunut Ratin (rakkauden jumalattaren) hahmon.

316. Om rati priyāyai namaḥ

...josta Rati (rakkauden jumala) on mielissään.

317. Om rakṣā karyai namaḥ

...joka suojelee sielua tietämättömyyden maailmalta.

318. Om rākṣasa ghnyai namaḥ

...joka surmaa rākṣasan, pahuuden voimat.

319. Om rāmāyai namaḥ

...joka ilahduttaa, antaa mielihyvää.

320. Om ramaṇa lampaṭāyai namaḥ

...joka on omistanut sydämensä herralleen Shivalle.

321. Om kāmyāyai namaḥ

...joka on korkeimman (jumalallisen) halun kohde.

322. Om kāma kalā rūpāyai namaḥ

...joka on omaksunut kamakalan (rakastamisen taidon) muodon.

323. Om kadamba kusuma priyāyai namaḥ

...joka pitää erityisesti kadamba-kukkasista.

324. Om kalyāṇyai namaḥ
...joka on Kalyani, hyvien sanojen lausuja.

325. Om jagatī kandāyai namaḥ
...joka on maailman synnyn alkujuuri.

326. Om karuṇā rasa sāgarāyai namaḥ
...joka on myötätunnon valtameri.

327. Om kalāvatyai namaḥ
...joka kaikkien taiteiden ruumiillistuma.

328. Om kalālāpāyai namaḥ
...jonka puhe on suloista ja melodista.

329. Om kāntāyai namaḥ
...joka on kaunis.

330. Om kādambarī priyāyai namaḥ

...joka pitää kadambari-uhrista (makeasta juomasta).

331. Om varadāyai namaḥ
...joka suo lahjoja runsaskätisesti.

332. Om vāma nayanāyai namaḥ
...jonka silmät ovat kauniit, koska ne ovat täynnä armoa.

333. Om vāruṇī mada vihvalāyai namaḥ
...joka on huumaantunut varunista (henkisen autuuden viinistä).

334. Om viśvādhikāyai namaḥ
...joka on maailmankaikkeuden tuolla puolen.

335. Om veda vedyāyai namaḥ
...joka voidaan tuntea Vedojen avulla.

336. Om vindhyācala nivāsinyai namaḥ
...joka asustaa Vindhya-vuorilla.

337. Om vidhātryai namaḥ

...joka luo ja ylläpitää maailmankaikkeutta.

338. Om veda jananyai namaḥ
..joka on Vedojen Äiti.

339. Om viṣṇu māyāyai namaḥ
...joka on Vishnun harha (maya).

340. Om vilāsinyai namaḥ
...joka on leikkisä.

341. Om kṣetra svarūpāyai namaḥ
...jonka kehona on materia.

342. Om kṣetreśyai namaḥ
...joka on Ksetresa, kaikkien kehojen hallitsijatar.

343. Om kṣetra kṣetrajña pālinyai namaḥ
...joka suojelee ruumista ja sielua.

344. Om kṣaya vṛddhi vinirmuktāyai namaḥ

...joka on vailla kasvua ja taantumista.

345. Om kṣetra pāla samarcitāyai namaḥ

...jota Ksetrapala, kehon ylläpitäjä (sielu) palvoo.

346. Om vijayāyai namaḥ

...joka on aina voittoisa.

347. Om vimalāyai namaḥ

...joka on täydellisen puhdas.

348. Om vandyāyai namaḥ

...joka on palvonnan arvoinen.

349. Om vandāru jana vatsalāyai namaḥ

...joka on täynnä äidillistä rakkautta niitä kohtaan, jotka palvovat häntä.

350. Om vāg vādinyai namaḥ

...joka saa pyhimykset puhumaan viisaasti.

351. Om vāma keśyai namaḥ

...joka on Vamakesi, Shivan vaimo, jolla on kauniit, kiharat hiukset.

352. Om vahni maṇḍala vāsinyai namaḥ
...joka asustaa tuliympyrän keskiössä.

353. Om bhaktimat kalpa latikāyai namaḥ
...joka on kalpataru, taivaallinen onnea tuottava puu.

354. Om paśu pāśa vimocinyai namaḥ
...joka vapauttaa tietämättömät sidoksistaan.

355. Om saṁhṛtāśeṣa pāṣaṇḍāyai namaḥ
...joka on harhaoppisten tuhoaja – niiden, jotka ovat henkisiä arvoja vastaan.

356. Om sadācāra pravartikāyai namaḥ
...joka innostaa oikeaan käytökseen.

357. Om tāpa trayāgni santapta samāhlādana candrikāyai namaḥ
...joka on kuin iloa tuova kuunvalo niille, joita surun kolme tulta korventavat.

358. Om taruṇyai namaḥ
...joka on ikuisesti nuori.

359. Om tāpasārādhyāyai namaḥ
...jota askeetikot palvovat.

360. Om tanu madhyāyai namaḥ
...joka on hoikka uumaltaan.

361. Om tamopahāyai namaḥ
...joka poistaa tamasisuudesta (pimeydestä) syntyneen tietämättömyyden.

362. Om cityai namaḥ
...joka on riippumaton tiedon- ja tahdonvoima.

363. Om tat pada lakṣyārthāyai namaḥ
...joka on totuuden (tat) ruumiillistuma.

364. Om cid eka rasa rūpiṇyai namaḥ
...jonka olemus on puhdas äly, kaiken tiedon alkusyy.

365. Om svātmānandalavī bhūta brahmādyānanda santatyai namaḥ

...jonka autuuden rinnalla Brahman ja muiden jumalien autuus on vähäpätöistä.

366. Om parāyai namaḥ

...joka ylittää kaiken.

367. Om pratyak citī rūpāyai namaḥ

...joka on ilmenemätön tietoisuus, Brahman.

368. Om paśyantyai namaḥ

...joka on pasyanti, kuulumaton puhe (svadhisthana-chakrassa).

369. Om para devatāyai namaḥ

...joka on korkein jumalatar, korkein palvonnan kohde.

370. Om madhyamāyai namaḥ

...joka pysyttelee keskellä.

371. Om vaikharī rūpāyai namaḥ

...joka on vaikhari, korvin kuultavissa oleva ääni.

372. Om bhakta mānasa haṁsikāyai namaḥ
...joka on joutsen, joka leikkii häntä palvovien mielen Manasa-järvellä.

373. Om kāmeśvara prāṇa nāḍyai namaḥ
...joka on puolisonsa Kameshvaran koko elämä.

374. Om kṛtajñāyai namaḥ
...joka tietää jo etukäteen kaikki tekomme.

375. Om kāma pūjitāyai namaḥ
...jota rakkauden jumala Kama palvoo muladharachakrassa.

376. Om śṛṅgāra rasa sampūrṇāyai namaḥ
...joka on täyttynyt rakkauden tuoksulla.

377. Om jayāyai namaḥ
...joka on aina ja kaikkialla voittoisa.

378. Om jālandhara sthitāyai namaḥ

...joka istuu pyhällä valtaistuimella visuddhichakrassa (kurkkukeskuksessa).

379. Om oḍyāṇa pīṭha nilayāyai namaḥ

...jonka istuu pyhällä odyana-istuimella ajnachakrassa (kolmannessa silmässä).

380. Om bindu maṇḍala vāsinyai namaḥ

...joka asustaa bindumandalassa (Sri-Chakran keskuksessa).

381. Om raho yāga kramārādhyāyai namaḥ

...jota palvotaan salaisissa rituaaleissa.

382. Om rahas tarpaṇa tarpitāyai namaḥ

...jota esoteeriset palvontamenot ilahduttavat.

383. Om sadyaḥ prasādinyai namaḥ

...joka suo palvonnan jälkeen armonsa välittömästi.

384. Om viśva sākṣiṇyai namaḥ

...joka on koko maailmankaikkeuden todistaja.

385. Om sākṣi varjitāyai namaḥ

...jolla ei ole todistajia.

386. Om ṣaḍ aṅga devatā yuktāyai namaḥ

...jonka seurassa ovat kuuden ruumiinosan jumaluudet.

387. Om ṣāḍ guṇya pari pūritāyai namaḥ

...joka omaa kuusi hyvettä.

388. Om nitya klinnāyai namaḥ

...joka on aina myötätuntoinen.

389. Om nirupamāyai namaḥ

...jota ei voi verrata mihinkään.

390. Om nirvāṇa sukha dāyinyai namaḥ

...joka suo vapautumisen autuuden.

391. Om nityā ṣoḍaśikā rūpāyai namaḥ

...joka ilmenee kuutenatoista Nityana, jumaluutena.

392. Om śrīkaṇṭhārdha śarīriṇyai namaḥ

...jonka kehosta toinen puoli on Shiva (mies) ja toinen puoli on Shakti (nainen).

393. Om prabhāvatyai namaḥ
...joka on säteilevä.

394. Om prabhā rūpāyai namaḥ
...joka on itse loistokkuus.

395. Om prasiddhāyai namaḥ
...jota juhlitaan.

396. Om parameśvaryai namaḥ
...joka on korkein hallitsija.

397. Om mūla prakṛtyai namaḥ
...joka on maailmankaikkeuden alkusyy.

398. Om avyaktāyai namaḥ
...joka on ilmentymätön.

399. Om vyaktāvyakta svarūpiṇyai namaḥ

...joka ilmenee sekä muotona että ilman muotoa.

400. Om vyāpinyai namaḥ

...joka on kaikialla läsnäoleva.

401. Om vividhākārāyai namaḥ

...joka ilmenee kaikissa muodoissa.

402. Om vidyāvidyā svarūpiṇyai namaḥ

...joka on sekä tieto että tietämättömyys.

403. Om mahā kāmeśa nayana kumudāhlāda kaumudyai namaḥ

...joka ilahduttaa miehensä Kamesvaran silmiä niin kuin kuunvalo, joka ilahduttaa lumpeenkukkia.

404. Om bhakta hārda tamo bheda bhānumad bhānu santatyai namaḥ

...joka on kuin auringonvalo poistaen tietämättömyyden pimeyden seuraajiensa sydämestä.

405. Om śiva dūtyai namaḥ
...jonka sanansaattaja on Shiva.

406. Om śivārādhyāyai namaḥ
...jota Shiva palvoo.

407. Om śiva mūrtyai namaḥ
...joka ilmenee Shivan hahmossa.

408. Om śivaṅkaryai namaḥ
...joka antaa vaurautta (hyväenteisyyttä), joka tekee palvojastaan Shivan.

409. Om śiva priyāyai namaḥ
...joka on Shivan rakastettu.

410. Om śiva parāyai namaḥ
...joka palvoo yksinomaan Shivaa.

411. Om śiṣṭeṣṭāyai namaḥ
...joka rakastaa oikeamielisiä.

412. Om śiṣṭa pūjitāyai namaḥ
...jota oikeamieliset palvovat.

413. Om aprameyāyai namaḥ
...joka on aistien tavoittamattomissa.

414. Om svaprakāśāyai namaḥ
...joka on itsevalaiseva ja joka saa kaiken loistamaan.

415. Om mano vācām agocarāyai namaḥ
...joka on mielen ja puheen tuolla puolen.

416. Om cicchaktyai namaḥ
...joka on tietoisuuden voima.

417. Om cetanā rūpāyai namaḥ
..joka on puhdas tietoisuus.

418. Om jaḍa śaktyai namaḥ
...joka on maailmana ilmenevän mayan voima.

419. Om jaḍātmikāyai namaḥ
...joka ilmenee aineellisena maailmana.

420. Om gāyatryai namaḥ
...joka on gayatrimantra.

421. Om vyāhṛtyai namaḥ
...joka on puheen voima.

422. Om sandyāyai namaḥ
...jota palvotaan auringonlaskun jumaluutena.

423. Om dvija vṛnda niṣevitāyai namaḥ
...jota kahdesti syntyneet eli brahmiinipapit palvovat.

424. Om tattvāsanāyai namaḥ
...jonka istuin on tattva (kosminen elementti).

425. Om tasmai namaḥ
...joka on mystinen tavu tat (totuus, Brahman).

426. Om tubhyam namaḥ
...johon rukousten ja hymnien sana 'Sinä' viittaa.

427. Om ayyai namaḥ
...Oi Äiti!

428. Om pañca kośāntara sthitāyai namaḥ
...joka oleilee sieluna viiden kehon sisäpuolella.

429. Om niḥsīma mahimne namaḥ
...jonka maine on rajaton.

430. Om nitya yauvanāyai namaḥ
...joka on alati nuori.

431. Om mada śālinyai namaḥ
...joka on huumaantunut autuudesta.

432. Om mada ghūrṇita raktākṣyai namaḥ
..jonka punaiset silmät katsovat sisäänpäin ja pyörivät autuudesta.

433. Om mada pāṭala gaṇḍa bhuve namaḥ
...jonka posket punertavat halitoitumisesta johtuen.

434. Om candana drava digdhāṅgyai namaḥ
...jonka keho on voideltu santelipuutahnalla.

435. Om cāmpeya kusuma priyāyai namaḥ
...joka pitää erityisesti campaka-kukista.

436. Om kuśalāyai namaḥ
...joka on taitava.

437. Om komalākārāyai namaḥ
...jonka olemus on siro ja viehättävä.

438. Om kurukullāyai namaḥ
...jonka olemus on armollinen.

439. Om kuleśvaryai namaḥ
...joka on Kurukullan jumaluus.

440. Om kula kuṇḍālayāyai namaḥ
...joka asustaa kulakundassa (kundaliinivoimana).

441. Om kaula mārga tatpara sevitāyai namaḥ
...joka on kundaliinin kulkureitin jumaluus.

442. Om kumāra gaṇanāthāmbāyai namaḥ
..joka on Kumaran ja Ganeshan Äiti.

443. Om tuṣṭyai namaḥ
...joka on aina tyytyväinen.

444. Om puṣṭyai namaḥ
...joka on ravinnon lähde ja jota palvotaan Pust-jumaluutena.

445. Om matyai namaḥ
...joka ilmenee viisautena ja jota palvotaan Mati-jumaluutena.

446. Om dhṛtyai namaḥ
...joka on rohkea ja jota palvotaan Dhriti-jumaluutena

447. Om śāntyai namaḥ
...joka on itse rauhallisuus.

448. Om svasti matyai namaḥ
...joka on lopullinen totuus.

449. Om kāntyai namaḥ
...joka on säteilevä.

450. Om nandinyai namaḥ
...joka antaa ilon.

451. Om vighna nāśinyai namaḥ
...joka tuhoaa kaikki esteet.

452. Om tejovatyai namaḥ
...joka on loistava.

453. Om tri nayanāyai namaḥ
...jonka silminä ovat aurinko, kuu ja tuli.

454. Om lolākṣī kāma rūpiṇyai namaḥ
...joka on rakkaus naisissa.

455. Om mālinyai namaḥ
...jolla on kaulassaan punaisia kukkaseppeleitä.

456. Om haṁsinyai namaḥ
...joka on hamsamantra; erottaen hyvän pahasta.

457. Om mātre namaḥ
...joka on maailmankaikkeuden Äiti.

458. Om malayācala vāsinyai namaḥ
...joka asustaa Malaya-vuorella.

459. Om sumukhyai namaḥ
...jolla on kauniit kasvot.

460. Om nalinyai namaḥ
...jonka vartalo on pehmeä ja kaunis kuin lootuksenkukka.

461. Om subhruve namaḥ
...jolla on viehättävät kulmakarvat.

462. Om śobhanāyai namaḥ
...joka on aina säteilevän kaunis.

463. Om suranāyikāyai namaḥ
...joka on jumalien johtaja.

464. Om kālakaṇṭhyai namaḥ
...joka on Kāla-Kaṇṭhan (tumma-kurkkuisen Shivan) vaimo.

465. Om kānti matyai namaḥ
...joka on loistava.

466. Om kṣobhiṇyai namaḥ
...joka saa aikaan mullistuksen mielessä.

467. Om sūkṣma rūpiṇyai namaḥ
...jonka olemus on niin hienosyinen, että sitä ei voi aistein havaita.

468. Om vajreśvaryai namaḥ
...joka on Vajresvari (joen jumaluus).

469. Om vāma devyai namaḥ
...joka on Vamadevan (Shivan) puoliso.

470. Om vayovasthā vivarjitāyai namaḥ
...joka on vapaa ajan aiheuttamista muutoksista.

471. Om siddheśvaryai namaḥ
...jota henkiset mestarit palvovat ja joka lahjoittaa kaikki siddhit.

472. Om siddha vidyāyai namaḥ
...jonka on Siddhavidya-mantran muoto ja olemus.

473. Om siddha mātre namaḥ
...joka on siddhojen äiti.

474. Om yaśasvinyai namaḥ
...joka tunnetaan kaikkialla.

475. Om viśuddhi cakra nilayāyai namaḥ
...joka asustaa Visuddhi-chakrassa (kurkkukeskuksessa).

476. Om ārakta varṇāyai namaḥ
...jolla on vaaleanpunainen hipiä niin kuin patali-kukalla.

477. Om tri locanāyai namaḥ
...jolla on kolme silmää.

478. Om khaṭvāṅgādi praharaṇāyai namaḥ
...joka on aseistettu nuijalla ja muilla aseilla.

479. Om vadanaika samanvitāyai namaḥ
...jolla on vain yhdet kasvot.

480. Om pāyasānna priyāyai namaḥ
...joka on erityisen mieltynyt makeaan riisivanukkaaseen.

481. Om tvaksthāyai namaḥ
...joka on tuntoaistin jumaluus.

482. Om paśu loka bhayaṅkaryai namaḥ
...joka täyttää pelolla maalliseen elämäntapaan kiinnittyneet sielut.

483. Om amṛtādi mahāśakti saṁvṛtāyai namaḥ
...jota ympäröi Amrita ja muut kuusitoista Shakti-jumaluutta.

484. Om ḍākinīśvaryai namaḥ
...joka on Dakini-jumaluus (kuvattu mantroissa 475-483).

485. Om anāhatābja nilayāyai namaḥ
...joka asustaa anahatachakrassa, sydänkeskuksessa.

486. Om śyāmābhāyai namaḥ
...jolla on musta hipiä.

487. Om vadana dvayāyai namaḥ
...jolla on kahdet kasvot.

488. Om daṁṣṭrojjvalāyai namaḥ
...jolla on hohtavat kulmahampaat.

489. Om akṣa mālādi dharāyai namaḥ

...joka kantaa helmin ja muilla tavoin koristettua rudraksa-kaulanauhaa.

490. Om rudhira saṁsthitāyai namaḥ

...joka hallitsee elollisten verenkiertoa.

491. Om kāla rātryādi śaktyaugha vṛtāyai namaḥ

...jota Kalaratri ja muut yksitoista shaktia ympäröivät.

492. Om snigdhaudana priyāyai namaḥ

...joka pitää hänelle uhratusta riisistä, johon on sekoitettu gheetä (puhdistettua voita).

493. Om mahā vīrendra varadāyai namaḥ

...joka suo lahjoja suurille sotureille.

494. Om rākiṇyambā svarūpiṇyai namaḥ

...joka ilmenee Äitinä Rakini-jumaluuden hahmossa (kuvattu mantroissa 485-493).

495. Om maṇipūrābja nilayāyai namaḥ
...joka asustaa manipurachakrassa (napakeskuksessa).

496. Om vadana traya samyutāyai namaḥ
...jolla on kolmet kasvot.

497. Om vajrādikāyudhopetāyai namaḥ
...joka pitelee salamaa ja muita aseita käsissään.

498. Om ḍāmaryādibhir āvṛtāyai namaḥ
...jota ympäröi Damari ja yhdeksän muuta jumaluutta.

499. Om rakta varṇāyai namaḥ
...joka on iholtaan punainen.

500. Om māṁsa niṣṭhāyai namaḥ
...joka hallitsee elävien lihallista olomuotoa.

501. Om guḍānna prīta mānasāyai namaḥ
...joka pitää palmusokerilla makeutetusta riisistä.

502. Om samasta bhakta sukhadāyai namaḥ
...joka suo seuraajilleen onnen.

503. Om lākinyambā svarūpiṇyai namaḥ
...joka on Laakini-joogini (edeltävissä 8 mantrassa kuvattu).

504. Om svādhiṣṭhānāmbuja gatāyai namaḥ
...joka on svadhistana-chakran Kaakini-joogini.

505. Om catur vaktra manoharāyai namaḥ
...jolla on neljä kaunista kasvoa (edustaen neljää Vedaa).

506. Om śūlādyāyudha sampannāyai namaḥ
...jolla on aseinaan kolmikärki ja muita aseita (kuten köysi, kallo ja abhaya).

507. Om pīta varṇāyai namaḥ
...joka on väriltään kullan keltainen.

508. Om ati garvitāyai namaḥ
...joka on kunnioitusta herättävä (aseittensa ja kauneutensa tähden).

509. Om medo niṣṭhāyai namaḥ
...joka asustaa elävien olentojen rasvakerroksessa.

510. Om madhu prītāyai namaḥ
...joka pitää hunajasta tehdyistä uhrilahjoista.

511. Om bandhinyādi samanvitāyai namaḥ
...jonka seurueeseen kuuluvat Bandhini ja muut viisi shaktia.

512. Om dadhyannāsakta hṛdayāyai namaḥ
...joka on erityisen mielissään jogurtilla uhraamisesta.

513. Om kākinī rūpa dhāriṇyai namaḥ
...joka ilmenee Kakini-jooginina (kuvattu edellisessä 10 mantrassa).

514. Om mūlādhārāmbujārūḍhāyai namaḥ
...joka asustaa nelilehtisen lootuskukan muladharachakrassa.

515. Om pañca vaktrāyai namaḥ
...jolla on viidet kasvot (neljään ilmansuuntaan ja ylöspäin).

516. Om asthi saṁsthitāyai namaḥ
...joka asustaa elävien olentojen luissa.

517. Om aṅkuśādi praharaṇāyai namaḥ
...jolla on piikkisauva ja muita aseita.

518. Om varadādi niṣevitāyai namaḥ
...jonka seurassa ovat Varada ja kolme muuta shaktia.

519. Om mudgaudanāsakta cittāyai namaḥ
...joka on erityisen mielissään keitetystä palkokasvista.

520. Om sākinyambā svarūpiṇyai namaḥ
...joka ilmenee Sakini-jooginina (kuvattu edeltävissä 6 mantrassa).

521. Om ājñā cakrābja nilayāyai namaḥ
...joka asustaa ajnachakran (otsakeskuksen) kaksilehtisessä lootuksessa.

522. Om śukla varṇāyai namaḥ
...jonka hipiä on valkoinen.

523. Om ṣaḍ ānanāyai namaḥ
...jolla on kuudet kasvot (edustaen kuutta shastraa, pyhää kirjaa).

524. Om majjā saṁsthāyai namaḥ
...joka hallitsee elävien olentojen luuydintä.

525. Om haṁsa vatī mukhya śakti samanvitāyai namaḥ
...jonka seurassa ovat Hamsavati ja muut shaktit.

526. Om haridrānnaika rasikāyai namaḥ
...joka pitää kurkumalla maustetusta riisiuhrista.

527. Om hākinī rūpa dhāriṇyai namaḥ
...joka ilmenee Hakini-jumattarena (kuvattu edeltävissä 6 mantrassa).

528. Om sahasra dala padmasthāyai namaḥ
...joka asustaa sahasrarassa, tuhatlehtisessä lootuksessa.

529. Om sarva varṇopaśobhitāyai namaḥ
...joka säteilee kaikkia värejä.

530. Om sarvāyudha dharāyai namaḥ
...jolla on kaikki mahdolliset aseet.

531. Om śukla saṁsthitāyai namaḥ
...joka oleilee siemennesteessä ja muissa elämän nesteissä.

532. Om sarvatomukhyai namaḥ
...jonka kasvot katsovat kaikkiin suuntiin.

533. Om sarvaudana prīta cittāyai namaḥ
...jota miellyttävät kaikenlaiset ruokauhrit.

534. Om yākinyambā svarūpiṇyai namaḥ
...joka omaksuu Yakini-jooginin hahmon (kuvattu 6 edeltävässä mantrassa).

535. Om svāhāyai namaḥ
...jolle kohdistetaan ”svaha”-mantra tuliseremonian päätteeksi.

536. Om svadhāyai namaḥ
...jolle kohdistetaan ”svadha”-mantra esi-isille uhraamisen päätteeksi.

537. Om amatyai namaḥ
...joka on tietämättömyys.

538. Om medhāyai namaḥ
...joka ilmenee viisautena ja tietona.

539. Om śrutyai namaḥ
...joka on shruti, Vedojen tieto kuullussa muodossa.

540. Om smṛtyai namaḥ
...joka ilmenee smritinä (pyhän tiedon muistamisena).

541. Om anuttamāyai namaḥ
...joka on kaikkein paras.

542. Om puṇya kīrtyai namaḥ
...jonka maine on pyhä.

543. Om puṇya labhyāyai namaḥ
...jonka saavuttavat vain hyviä tekoja tekevät.

544. Om puṇya śravaṇa kīrtanāyai namaḥ
...joka suo ansioita oikeudenmukaisille, jotka kuuntelevat ja ylistävät Häntä.

545. Om pulomajārcitāyai namaḥ
...jota Pulomaja, Indran vaimo palvoo.

546. Om bandha mocinyai namaḥ
...joka vapauttaa sielun samsaran (sielunvaelluksen) kahleista.

547. Om barbarālakāyai namaḥ
...jolla on kiharat hiukset.

548. Om vimarśa rūpiṇyai namaḥ
...joka ilmenee peilinä, joka saa Shivan tietoiseksi luovasta valosta itsessään.

549. Om vidyāyai namaḥ
...joka on vidya, tieto, josta seuraa valaistuminen.

550. Om viyadādi jagat prasuve namaḥ
...joka on maailmankaikkeuden Äiti, eetterielementistä (akashasta) alkaen.

551. Om sarva vyādhi praśamanyai namaḥ
...joka parantaa surun ja kaikki sairaudet.

552. Om sarva mṛtyu nivāriṇyai namaḥ
..joka pelastaa oppilaan kuolemalta.

553. Om agra gaṇyāyai namaḥ
...joka on kaikessa ensimmäinen.

554. Om acintya rūpāyai namaḥ
...joka on ajatusten tuolla puolen.

555. Om kali kalmaṣa nāśinyai namaḥ
..joka tuhoaa synnit Kali-yugan aikakaudella.

556. Om kātyāyanyai namaḥ
...joka on Kata-nimisen pyhimyksen tytär.

557. Om kāla hantryai namaḥ
...joka tuhoaa ajan.

558. Om kamalākṣa niṣevitāyai namaḥ
...johon jopa lootussilmäinen Vishnu turvautuu.

559. Om tāmbūla pūrita mukhyai namaḥ
...jonka suu on täynnä pureskeltuja betel-lehtiä.

560. Om dāḍimī kusuma prabhāyai namaḥ
...joka säteilee granaattiomenan kukan lailla.

561. Om mṛgākṣyai namaḥ
...jonka silmät ovat syvät ja kauniit niin kuin peuran.

562. Om mohinyai namaḥ
...joka on hurmaava.

563. Om mukhyāyai namaḥ
...joka tunnetaan ensimmäisenä luotuna (nelikasvoisena Brahmana).

564. Om mṛḍānyai namaḥ
... joka on Mridan (onnellisuuden tuojan) vaimo.

565. Om mitra rūpiṇyai namaḥ
...joka on kaikkien, koko maailmankaikkeuden ystävä.

566. Om nitya tṛptāyai namaḥ
...joka on ikuisesti tyytyväinen.

567. Om bhakta nidhaye namaḥ
...joka on seuraajiensa aarreaitta.

568. Om niyantryai namaḥ
...joka opastaa kaikki olennot oikealle tielle.

569. Om nikhileśvaryai namaḥ
..joka on kaikkien hallitsija.

570. Om maitryādi vāsanā labhyāyai namaḥ
...jonka voi saavuttaa vain rakkaudella ja muilla hyvillä ominaisuuksilla.

571. Om mahā pralaya sākṣiṇyai namaḥ
...joka on kosmoksen tuhotumisen todistaja.

572. Om parāśaktyai namaḥ
...joka on korkein voima.

573. Om parā niṣṭhāyai namaḥ
...joka on korkein päämäärä ja uskon perusta.

574. Om prajñāna ghana rūpiṇyai namaḥ
...joka on tiivistynyt, puhdas tieto.

575. Om mādhvī pānālasāyai namaḥ
...joka on sisäänpäin kääntynyt ja raukea niin kuin viinistä päihtynyt.

576. Om mattāyai namaḥ
...joka on jumalallisesti humaltunut.

577. who is in the form of the letters of the alphabet
...joka ilmenee aakkosina.

578. Om mahā kailāsa nilayāyai namaḥ
...joka asustaa mahtavalla Kailash-vuorella (sahasraran bindussa).

579. Om mṛṇāla mṛdu dor latāyai namaḥ

...jonka kädet ovat pehmeät ja viileät niin kuin lootuksen varret.

580. Om mahanīyāyai namaḥ

...joka on suuresti ihailtava.

581. Om dayā mūrtyai namaḥ

...joka on myötätunnon ruumiillistuma.

582. Om mahā sāmrājya śālinyai namaḥ

...jolle hallitsee kolmen maailmankaikkeuden valtakuntia.

583. Om ātma vidyāyai namaḥ

...jolla on tieto Itsestä.

584. Om mahā vidyāyai namaḥ

...joka on korkeinta, jumalallista tietoa.

585. Om śrī vidyāyai namaḥ

...joka on pyhä tieto.

586. Om kāma sevitāyai namaḥ
..jota Kamadeva, rakkauden jumala palvoo.

587. Om śrī ṣoḍaśākṣarī vidyāyai namaḥ
...joka on sodasakshari-vidya, Devin 16-tavuinen mantra.

588. Om trikūṭāyai namaḥ
...joka ilmenee kolminaisuutena.

589. Om kāma koṭikāyai namaḥ
...josta Kama (Shiva) muodostaa osan.

590. Om kaṭākṣa kiṅkarī bhūta kamalā koṭi sevitāyai namaḥ
...josta pitävät huolta miljoonat Lakshmit, joita hän hallitsee katseellaan.

591. Om śiraḥ sthitāyai namaḥ
..joka asustaa päälaella.

592. Om candra nibhāyai namaḥ
...joka loistaa puolikuuna sahasrara-lootuksessa.

593. Om bhālasthāyai namaḥ

...joka asustaa otsakeskuksessa.

594. Om indra dhanuḥ prabhāyai namaḥ

...joka loistaa sateenkaaren väreissä.

595. Om hṛdayasthāyai namaḥ

...joka asustaa sydämessä.

596. Om ravi prakhyāyai namaḥ

...joka loistaa niin kuin auringonvalo.

597. Om trikoṇāntara dīpikāyai namaḥ

...joka loistaa valona kolmikulmiossa (muladharassa).

598. Om dākṣāyaṇyai namaḥ

..joka on Dakshan (luojajumalan pojan) tytär.

599. Om daitya hantryai namaḥ

...joka tappaa demonit.

600. Om dakṣa yajña vināśinyai namaḥ
...joka tuhosi Dakshan tekemän uhrin.

601. Om darāndolita dīrghākṣyai namaḥ
...jonka syvät silmät värähtelevät armoa.

602. Om dara hāsojjvalan mukhyai namaḥ
...jonka kasvot säteilevät hymyä.

603. Om guru mūrtaye namaḥ
...joka ilmenee Guruna.

604. Om guṇa nidhaye namaḥ
...joka on kaikkien hyvien ominaisuuksien aarreaitta.

605. Om go mātre namaḥ
...joka ilmenee kaikki toiveet täyttävänä lehmänä.

606. Om guha janma bhuve namaḥ
...joka on Guhan (Subramanian) Äiti.

607. Om deveśyai namaḥ

...joka on jumalien suojelija.

608. Om daṇḍa nītisthāyai namaḥ

...joka valvoo oikeudenmukaisuuden toteutumista ilman vähäisintäkään erhettä.

609. Om daharākāśa rūpiṇyai namaḥ

...joka ilmenee hienojakoisena Itsenä sydämessä.

610. Om pratipan mukhya rākānta tithi maṇḍala pūjitāyai namaḥ

..jota palvotaan päivittäin puolesta kuusta aina täysikuuhun asti.

611. Om kalātmikāyai namaḥ

...joka ilmenee kuun vaihteluina.

612. Om kalā nāthāyai namaḥ

...joka on 64 taiteen valtiatar.

613. Om kāvyālāpa vinodinyai namaḥ

...joka ilahtuu kuullessaan runoutta.

614. Om sacāmara ramā vāṇī savya dakṣiṇa sevitāyai namaḥ
...jonka vasemmalla puolella on Lakshmi ja oikealla Sarasvati pitäen käsissään sere-moniallista viuhkaa.

615. Om ādiśaktyai namaḥ
...joka on adishakti, alkuvoima, joka luo ja ylläpitää kaikkea.

616. Om ameyāyai namaḥ
...joka on mittaamaton.

617. Om ātmane namaḥ
...joka on kaikkien Itse.

618. Om paramāyai namaḥ
...joka on Korkein.

619. Om pāvanākṛtaye namaḥ
...joka ilmenee pyhänä muotona.

620. Om aneka koṭi brahmāṇḍa jananyai namaḥ
...joka on miljoonien maailmojen luoja.

621. Om divya vigrahāyai namaḥ
...jolla on jumalallinen keho.

622. Om klīṅkāryai namaḥ
...joka on pyhän klim-mantran luoja.

623. Om kevalāyai namaḥ
...joka on absoluutti - täysi, riippumaton ja vailla ominaisuuksia.

624. Om guhyāyai namaḥ
...jota palvotaan salassa.

625. Om kaivalya pada dāyinyai namaḥ
...joka suo kaivalyan, ehdottoman autuuden tilan.

626. Om tripurāyai namaḥ
...joka on vanhempi kuin kolme (jumalaa).

627. Om trijagad vandyāyai namaḥ
...jota palvotaan kolmessa maailmassa.

628. Om tri mūrtyai namaḥ
...joka ilmentää kolmea jumaluutta (Brahmaa, Vishnua, Shivaa).

629. Om tridaśeśvaryai namaḥ
...joka on jumalien hallitsija.

630. Om tryakṣaryai namaḥ
...joka on kolmiosainen mantra.

631. Om divya gandhāḍhyāyai namaḥ
...joka tuoksuu jumalallisella tavalla.

632. Om sindūra tilakāñcitāyai namaḥ
...jonka otsalla loistaa punainen merkki (tilak).

633. Om umāyai namaḥ
...joka on Uma-jumalatar.

634. Om śailendra tanayāyai namaḥ
...joka on Himalajan-vuoriston kuninkaan tytär.

635. Om gauryai namaḥ
...jolla on vaalea hipiä.

636. Om gandharva sevitāyai namaḥ
...jota gandharvat (taivaalliset muusikot) palvovat.

637. Om viśva garbhāyai namaḥ
...jonka pitää kohdussaan koko maailmankaikkeutta.

638. Om svarṇa garbhāyai namaḥ
...joka on maailmankaikkeuden alkusyy.

639. Om avaradāyai namaḥ
...joka tuhoaa epäpyhät.

640. Om vāg adhīśvaryai namaḥ
...joka hallitsee puhetta.

641. Om dhyāna gamyāyai namaḥ
... joka saavutetaan (dhyanan) meditaation avulla.

642. Om apari cchedyāyai namaḥ
...joka on ääretön ja mittaamaton.

643. Om jñānadāyai namaḥ
...joka lahjoittaa tiedon Itsestä.

644. Om jñāna vigrahāyai namaḥ
...joka on Itseä koskevan korkeimman tiedon ruumiillistuma.

645. Om sarva vedānta saṁvedyāyai namaḥ
..joka on vedantan (ykseysfilosofian) sisältö.

646. Om satyānanda svarūpiṇyai namaḥ
...joka on olemassaolo ja autuus.

647. Om lopāmudrārcitāyai namaḥ
...jota palvotaan mantralla, joka nimettiin Lopamudran mukaan.

648. Om līlā kḷpta brahmāṇḍa maṇḍalāyai namaḥ

...joka luo ja ylläpitää maailmankaikkeutta (liilan) jumalallisen leikin vuoksi.

649. Om adṛśyāyai namaḥ

...jota ei voi nähdä aistien avulla.

650. Om dṛśya rahitāyai namaḥ

...jolla ei ole mitään nähtävää.

651. Om vijñātryai namaḥ

...joka tietää aineellista maailmankaikkeutta koskevan totuuden.

652. Om vedya varjitāyai namaḥ

...joka tietää kaiken.

653. Om yoginyai namaḥ

...joka omaa joogan voiman.

654. Om yogadāyai namaḥ

...joka antaa joogan voiman.

655. Om yogyāyai namaḥ

...joka on ansioitunut kaikenlaisessa joogassa.

656. Om yogānandāyai namaḥ

...joka nauttii joogan autuudesta.

657. Om yugandharāyai namaḥ

...joka on yugien (aikakausien) hallitsija (satya-, treta-, dvapara- ja kali-yugan).

658. Om icchā śakti jñāna śakti kriyā śakti svarūpiṇyai namaḥ

..joka ilmenee tahdon (iccha-saktin), tiedon (jnana-saktin) ja toiminnan (kriya-saktin) voimina.

659. Om sarvādhārāyai namaḥ

...joka on kaikkien tukija.

660. Om supratiṣṭhāyai namaḥ

...joka on kaiken olemassaolevan luja perusta.

661. Om sad asad rūpa dhāriṇyai namaḥ

...joka ilmenee sekä olevaisena että olemattomuutena.

662. Om aṣṭa mūrtyai namaḥ

...jolla on kahdeksan muotoa.

663. Om ajā jaitryai namaḥ

...joka auttaa voittamaan tietämättömyyden.

664. Om loka yātrā vidhāyinyai namaḥ

...joka ohjaa maailmojen kehitystä.

665. Om ekākinyai namaḥ

...joka on ainoa.

666. Om bhūma rūpāyai namaḥ

...joka on kaikkien olemassa olevien asioitten kokonaisuus.

667. Om nir dvaitāyai namaḥ

...jolla on vapaa kaksinaisuuden tunteesta.

668. Om dvaita varjitāyai namaḥ

...joka on kaksinaisuuden tuolla puolen.

669. Om annadāyai namaḥ
...joka antaa ravinnon kaikille.

670. Om vasudāyai namaḥ
...joka on kaiken vaurauden antaja.

671. Om vṛddhāyai namaḥ
...joka on ikiakainen.

672. Om brahmātmaikya svarūpiṇyai namaḥ
...jonka olemuksessa Brahman (Jumala) ja atman (sielu) yhdistyvät.

673. Om bṛhatyai namaḥ
...joka on valtava.

674. Om brāhmaṇyai namaḥ
..joka on absoluuttinen.

675. Om brāhmyai namaḥ

...joka kuuluu ikuisuuteen.

676. Om brahmānandāyai namaḥ

...joka on Brahmanin (absoluutin) autuus.

677. Om bali priyāyai namaḥ

...joka on erityisen mielissään uhrilahjoista.

678. Om bhāṣā rūpāyai namaḥ

...joka ilmenee puhutussa kielessä.

679. Om bṛhat senāyai namaḥ

...jolla on suunnaton armeija.

680. Om bhāvābhāva vivarjitāyai namaḥ

...joka on olemassaolon ja olemattomuuden tuolla puolen.

681. Om sukhārādhyāyai namaḥ

...jota on helppo palvoa.

682. Om śubha karyai namaḥ

...joka tekee hyvää.

683. Om śobhanā sulabhā gatyai namaḥ
...jonka voi saavuttaa kulkemalla selkeää ja helppoa tietä.

684. Om rāja rājeśvaryai namaḥ
...joka on kuninkaiden ja hallitsijoiden hallitsija.

685. Om rājya dāyinyai namaḥ
...joka suo valta-aseman.

686. Om rājya vallabhāyai namaḥ
...joka suojelee valtakuntia.

687. Om rājat kṛpāyai namaḥ
...jonka myötätuntoisuus hurmaa kaikki.

688. Om rāja pīṭha niveśita nijāśritāyai namaḥ
...joka antaa kuninkaallisen aseman seuraajilleen.

689. Om rājya lakṣmyai namaḥ

...joka on maallisen vaurauden ruumiillistuma.

690. Om kośa nāthāyai namaḥ

...joka hallitsee ihmisen persoonallisuuden viittä aarretta (koshia, mantra 428).

691. Om catur aṅga baleśvaryai namaḥ

...joka komentaa neljäosaista armeijaa (norsut, vaunut, hevoset ja miehet).

692. Om sāmrājya dāyinyai namaḥ

...joka suo imperiumeille niiden vallan.

693. Om satya sandhāyai namaḥ

...joka ylläpitää totuutta.

694. Om sāgara mekhalāyai namaḥ

...joka on merien ympäröimä Äiti Maa.

695. Om dīkṣitāyai namaḥ

...joka on lupautunut suojelemaan palvojiaan.

696. Om daitya śamanyai namaḥ

...joka tuhoaa pahan voimat.

697. Om sarva loka vaśaṅkaryai namaḥ
...joka pitää kaikki maailmat valtansa alla.

698. Om sarvārtha dātryai namaḥ
...joka täyttää kaikki toiveet.

699. Om sāvitryai namaḥ
...joka on maailmankaikkeuden luova voima.

700. Om sac cid ānanda rūpiṇyai namaḥ
...joka on olemassaolo, tietoisuus ja autuus.

701. Om deśa kālāparicchinnāyai namaḥ
...jota aika ja paikka eivät rajoita.

702. Om sarvagāyai namaḥ
...joka on kaikkialla läsnäoleva tietoisuus.

703. Om sarva mohinyai namaḥ

...joka heittää harhan (mayan) verhon kaiken ylle.

704. Om sarasvatyai namaḥ

...joka on Sarasvati, viisauden ja valaistumisen jumalatar.

705. Om śāstramayyai namaḥ

...joka on pyhät kirjoitukset.

706. Om guhāmbāyai namaḥ

...joka on Guhan (Subramanian) Äiti, joka asustaa sydämen syvimmässä.

707. Om guhya rūpiṇyai namaḥ

...jolla on salattu olemuksensa.

708. Om sarvopādhi vinirmuktāyai namaḥ

...joka on vapaa kaikenlaisesta rajallisuudesta.

709. Om sadāśiva pativratāyai namaḥ

...joka on Sadashivalle (Korkeimmalle Olennolle) omistautunut vaimo.

710. Om sampradāyeśvaryai namaḥ

...joka vartioi pyhiä perinteitä.

711. Om sādhune namaḥ
...joka on tasa-arvoinen.

712. Om yai namaḥ
...johon viitataan tavulla 'yai'.

713. Om guru maṇḍala rūpiṇyai namaḥ
...jossa ruumiillistuu Guru-perinne.

714. Om kulottīrṇāyai namaḥ
...joka ylittää aistit ja mielen.

715. Om bhagārādhyāyai namaḥ
...jota palvotaan auringon kierron mukaan.

716. Om māyāyai namaḥ
..joka on maya, illuusio.

717. Om madhumatyai namaḥ

..joka on makea kuin hunaja.

718. Om mahyai namaḥ

...joka on Mahi, maan jumalatar.

719. Om gaṇāmbāyai namaḥ

...joka on Shivan ja Ganesan palvelijoiden Äiti.

720. Om guhyakārādhyāyai namaḥ

...jota puolijumalat palvovat.

721. Om komalāṅgyai namaḥ

...jonka kehon jäsenet ovat kauniit.

722. Om guru priyāyai namaḥ

...jota Gurut rakastavat ja joka rakastaa Guruja.

723. Om svatantrāyai namaḥ

...joka on riippumaton, vain Itseen sitoutunut.

724. Om sarva tantreśyai namaḥ

...joka on kaikkien tantrojen jumalatar.

725. Om dakṣiṇā mūrti rūpiṇyai namaḥ
...joka ilmenee Daksinamurtina (pyhimyksenä joka opetti korkeinta tietoa).

726. Om sanakādi samārādhyāyai namaḥ
...jota Sanaka ja muut tietäjät palvovat.

727. Om śiva jñāna pradāyinyai namaḥ
...joka omaa korkeimman tietoisuuden Itsestä, Shivasta.

728. Om cit kalāyai namaḥ
...joka on jumalallinen tietoisuus kaikissa olennoissa.

729. Om ānanda kalikāyai namaḥ
...joka on nupullaan oleva autuus.

730. Om prema rūpāyai namaḥ
...joka on puhdas rakkaus.

731. Om priyaṅkaryai namaḥ

...joka antaa sen, mikä on Hänen seuraajilleen rakasta.

732. Om nāma pārāyaṇa prītāyai namaḥ

...joka on mielissään siitä, että Hänen nimiään toistetaan.

733. Om nandi vidyāyai namaḥ

...joka on nandi-tiedolla palvottava jumalatar.

734. Om naṭeśvaryai namaḥ

...joka on tanssin jumalan, Nateshin vaimo.

735. Om mithyā jagad adhiṣṭhānāyai namaḥ

...joka on alati muuttuvan harhanomaisen maailman alkusyy.

736. Om mukti dāyai namaḥ

...joka antaa vapautuksen.

737. Om mukti rūpiṇyai namaḥ

...joka on vapautus.

738. Om lāsya priyāyai namaḥ

...joka pitää (onnea ilmentävästä) lasya-tanssista.

739. Om laya karyai namaḥ

...joka aikaansaa syventymisen.

740. Om lajjāyai namaḥ

...joka ilmenee vaatimattomuutena elävissä olennoissa.

741. Om rambhādi vanditāyai namaḥ

...jota taivaalliset neidot kuten Rambha ihailevat.

742. Om bhava dāva sudhā vṛṣṭyai namaḥ

...joka on taivaallisen nektarin sade, joka sammuttaa samsaran (maallisuuden) palavan metsän.

743. Om pāpāraṇya davānalāyai namaḥ

...joka polttaa tulimerenä väärien tekojen viidakon.

744. Om daurbhāgya tūla vātūlāyai namaḥ

...joka puhaltaa tuulenpuuskana epäonnen puuvillahaituvat tiehensä.

745. Om jarā dhvānta ravi prabhāyai namaḥ
...joka auringonpaisteena valaisee ikääntymisen pimeyden.

746. Om bhāgyābdhi candrikāyai namaḥ
...joka on täysikuu hyvän onnen merellä.

747. Om bhakta citta keki ghanāghanāyai namaḥ
...joka saa palvojansa sydämen tanssimaan ilosta kuin sadepilvi riikinkukon.

748. Om roga parvata dambholaye namaḥ
...joka järisyttää salamaniskuna sairauksien vuorta.

749. Om mṛtyu dāru kuṭhārikāyai namaḥ
..joka katkaisee kirveenä kuoleman puun.

750. Om maheśvaryai namaḥ
...joka on korkein jumalatar.

751. Om mahā kālyai namaḥ
...joka on suuri Kali, tietämättömyyden ja pahan tuhoaja.

752. Om mahā grāsāyai namaḥ
...joka on suuri ahmija, pitäen sisällään jopa Brahmanin.

753. Om mahāśanāyai namaḥ
...joka syö koko maailmankaikkeuden.

754. Om aparṇāyai namaḥ
...jolla ei ole velkoja.

755. Om caṇḍikāyai namaḥ
... joka on vihainen pahoille.

756. Om caṇḍa muṇḍāsura niṣūdinyai namaḥ
...joka tappoi Candan, Mundan ja muut asurat (paholaiset).

757. Om kṣarākṣarātmikāyai namaḥ
...joka ilmenee sekä muuttuvana että muuttumattomana atmanina, Itsenä.

758. Om sarva lokeśyai namaḥ
...joka on kaikkien maailmojen hallitsija.

759. Om viśva dhāriṇyai namaḥ
...joka ylläpitää maailmankaikkeutta.

760. Om tri varga dātryai namaḥ
...joka antaa elämän kolme päämäärää.

761. Om subhagāyai namaḥ
...joka on yltäkylläisyyden jumalatar.

762. Om tryambakāyai namaḥ
...jolla on kolme silmää (aurinko, kuu ja tuli).

763. Om triguṇātmikāyai namaḥ
...jossa luonnon kolme ominaislaatua ovat tasapainossa.

764. Om svargāpavargadāyai namaḥ
...joka suo väliaikaisen taivaan onnen ja vapautuksen ikuisen autuuden.

765. Om śuddhāyai namaḥ
...joka on kaikkein puhtain.

766. Om japā puṣpa nibhākṛtyai namaḥ
...jonka keho on kuin kiinanruusu.

767. Om ojovatyai namaḥ
...joka on täynnä säteilevää elinvoimaa (ojasia).

768. Om dyuti dharāyai namaḥ
...jonka aura on täynnä valoa ja loistoa.

769. Om yajña rūpāyai namaḥ
...joka on uhraamisen ruumiillistuma.

770. Om priya vratāyai namaḥ
...joka pitää pyhistä sitoumuksista.

771. Om durārādhyāyai namaḥ
...jota hillittömien on vaikea palvoa.

772. Om durādharṣāyai namaḥ
...jota on vaikea hallita.

773. Om pāṭalī kusuma priyāyai namaḥ

...joka pitää patali-kukasta (vaaleanpunaisesta trumpettikukasta).

774. Om mahatyai namaḥ

...joka on suuri.

775. Om meru nilayāyai namaḥ

...joka asustaa Meru-vuorella.

776. Om mandāra kusuma priyāyai namaḥ

...joka pitää mandara-kukasta (taivaan korallipuun kukasta).

777. Om vīrārādhyāyai namaḥ

...jota palvovat sankarilliset henkilöt (Itsen tuntijat).

778. Om virāḍ rūpāyai namaḥ

...joka on kosminen kokonaisuus.

779. Om virajase namaḥ

..jossa ei ole rajasisuutta (levottomuutta).

780. Om viśvato mukhyai namaḥ
...joka katsoo kaikkiin suuntiin.

781. Om pratyag rūpāyai namaḥ
...joka on olentojen sisällä asustava Itse.

782. Om parākāśāyai namaḥ
...joka on kaiken tuolla puolen oleva eetteri.

783. Om prāṇadāyai namaḥ
...joka antaa elinvoiman.

784. Om prāṇa rūpiṇyai namaḥ
...joka on itse elämä.

785. Om mārtāṇḍa bhairavārādhyāyai namaḥ
...jota palvoo Martandabhairava (Shiva, joka tuhosi demonin).

786. Om mantriṇī nyasta rājya dhure namaḥ
...joka on antanut kuninkaalliset tehtävänsä ministerilleen.

787. Om tripureśyai namaḥ
...joka on Tripura-jumalatar.

788. Om jayat senāyai namaḥ
...jolla on vain voittamaan tottunut armeija.

789. Om nistraiguṇyāyai namaḥ
...joka on vapaa luonnon voimista, gunista.

790. Om parāparāyai namaḥ
...joka on kokonaisuus ja osa, absoluutti ja suhteellinen.

791. Om satya jñānānanda rūpāyai namaḥ
...joka on totuus, tieto ja autuus.

792. Om sāmarasya parāyaṇāyai namaḥ
...joka on sulautunut pysyvään viisauteen.

793. Om kapardinyai namaḥ
...joka on Kapardin (Shivan) vaimo (Äiti Maa).

794. Om kalā mālāyai namaḥ
...jonka kaulaseppeleinä ovat 64 eri taidetta.

795. Om kāma dhuge namaḥ
…joka on Kamadugh, joka täyttää palvojiensa toiveet.

796. Om kāma rūpiṇyai namaḥ
...jolla on haluttava, rakkauden jumalattaren muoto.

797. Om kalā nidhaye namaḥ
..joka on kaikkien taiteiden aarreaitta.

798. Om kāvya kalāyai namaḥ
…joka on runouden taide.

799. Om rasa jñāyai namaḥ
…joka tuntee kaikki rasat (miellyttävät aistikokemukset).

800. Om rasa śevadhaye namaḥ
...joka on kaikkien rasojen aarreaitta.

801. Om puṣṭāyai namaḥ
...joka on täynnä ravitsevuutta.

802. Om purātanāyai namaḥ
...joka on ikivanha.

803. Om pūjyāyai namaḥ
...joka on kaikkien palvonnan arvoinen.

804. Om puṣkarāyai namaḥ
...joka antaa ravinnon kaikille.

805. Om puṣkarekṣaṇāyai namaḥ
...jonka silmät ovat kuin lootuksen terälehdet.

806. Om parasmai jyotiṣe namaḥ
...joka on korkein valo, valaisten kaikki valonlähteet.

807. Om parasmai dhāmne namaḥ
...joka on korkein asuinsija.

808. Om paramāṇave namaḥ
...joka on kaikkein pienin hiukkanen.

809. Om parāt parāyai namaḥ
...joka on suurista suuriin.

810. Om pāśa hastāyai namaḥ
...joka pitää rakkauden lassoa kädessään.

811. Om pāśa hantryai namaḥ
...joka leikkaa karman ja halun sidokset.

812. Om para mantra vibhedinyai namaḥ
...joka tuhoaa vihollisten langettamien pahojen mantrojen vaikutuksen.

813. Om mūrtāyai namaḥ
...joka omaksuu erilaisia muotoja.

814. Om amūrtāyai namaḥ
...joka on vailla muotoa.

815. Om anitya tṛptāyai namaḥ

...joka on tyytyväinen jopa katoavaisella aineella tehtyihin uhreihin.

816. Om muni mānasa haṁsikāyai namaḥ

...joka ui joutsenena pyhimysten mielen manasa-järvellä.

817. Om satya vratāyai namaḥ

...joka pitäytyy aina vakaasti totuudessa.

818. Om satya rūpāyai namaḥ

...joka on totuus.

819. Om sarvāntar yāmiṇyai namaḥ

...joka asustaa kaikkien olentojen sisällä.

820. Om satyai namaḥ

...joka on todellisuus, ikuinen olento.

821. Om brahmāṇyai namaḥ

...joka on Brahma-jumalan luoja.

822. Om brahmaṇe namaḥ
...joka on Brahman (Absoluutti).

823. Om jananyai namaḥ
...joka on Universaali Äiti.

824. Om bahu rūpāyai namaḥ
...jolla ilmenee monenlaisissa muodoissa.

825. Om budhārcitāyai namaḥ
...jota viisaat palvovat.

826. Om prasavitryai namaḥ
...joka synnytti maailmankaikkeuden.

827. Om pracaṇḍāyai namaḥ
..joka on täynnä kunnioitusta herättävää suuttumusta.

828. Om ājñāyai namaḥ
...joka on jumalallinen käskijä.

829. Om pratiṣṭhāyai namaḥ
...joka on kaiken perusta.

830. Om prakaṭākṛtyai namaḥ
...joka ilmenee maailmankaikkeuden muodossa.

831. Om prāṇeśvaryai namaḥ
...joka hallitsee viittä pranaa eli elinvoimaa.

832. Om prāṇa dātryai namaḥ
...joka antaa elämän.

833. Om pañcāśat pīṭha rūpiṇyai namaḥ
...jolla on viisikymmentä palvontakeskusta.

834. Om viśṛṅkhalāyai namaḥ
...joka on kaikin tavoin vapaa.

835. Om viviktasthāyai namaḥ
...joka asustaa syrjäisissä paikoissa.

836. Om vīra mātre namaḥ
...joka on sankareitten ja oppilaista parhaimpien Äiti.

837. Om viyat prasuve namaḥ
...joka on viyatin lähde, mistä eetteri saa alkunsa.

838. Om mukundāyai namaḥ
...joka antaa pelastuksen sielulle.

839. Om mukti nilayāyai namaḥ
...joka on valaistuneitten asuinsija.

840. Om mūla vigraha rūpiṇyai namaḥ
...joka on kaikkien muotojen alkulähde.

841. Om bhāva jñāyai namaḥ
...joka on kaikkien ajatusten ja tunteiden tietäjä.

842. Om bhava roga ghnyai namaḥ
...joka hävittää syntymän ja kuoleman kiertokulkuna ilmenevän sairauden.

843. Om bhava cakra pravartinyai namaḥ
...joka kääntää syntymän ja kuoleman pyörää.

844. Om chandaḥ sārāyai namaḥ
...joka on Vedojen alkulähde.

845. Om śāstra sārāyai namaḥ
...joka on kaikkien pyhien kirjoitusten (shastrojen) alkulähde.

846. Om mantra sārāyai namaḥ
...joka on kaikkien mantrojen yhdinolemus.

847. Om talodaryai namaḥ
..joka - vaikka on kapea uumaltaan - pitää sisällään kaikki maailmat.

848. Om udāra kīrtaye namaḥ
...jonka maine leviää joka puolelle.

849. Om uddāma vaibhavāyai namaḥ
...jonka mahti on rajaton.

850. Om varṇa rūpiṇyai namaḥ

...joka ilmenee aakkosten kirjaimina.

851. Om janma mṛtyu jarā tapta jana viśrānti dāyinyai namaḥ

...joka antaa rauhan ja toivon niille, joita vaivaavat syntymä, kuolema ja raihnaisuus.

852. Om sarvopaniṣad udghuṣṭāyai namaḥ

...jota palvotaan Upanishadien pyhissä kirjoituksissa.

853. Om śāntyatīta kalātmikāyai namaḥ

...joka ylittää rauhan tilan.

854. Om gambhīrāyai namaḥ

...joka on käsittämätön.

855. Om gaganāntaḥsthāyai namaḥ

...joka oleilee avaruudessa.

856. Om garvitāyai namaḥ

...joka on ylpeä luomastaan maailmasta.

857. Om gāna lolupāyai namaḥ

...joka iloitsee musiikista.

858. Om kalpanā rahitāyai namaḥ

...joka on vapaa kuviteltavissa olevista määritelmistä.

859. Om kāṣṭhāyai namaḥ

...joka oleilee korkeimmassa tilassa (jonka tuolla puolen ei ole mitään).

860. Om akāntāyai namaḥ

...joka hävittää kaikki synnit ja surut.

861. Om kāntārdha vigrahāyai namaḥ

...jolla on puolet miehensä (Shivan) kehosta.

862. Om kārya kāraṇa nirmuktāyai namaḥ

...jota eivät syyn ja seurauksen lait kosketa.

863. Om kāma keli taraṅgitāyai namaḥ

...joka on ylitsevuotavaisen mielissään ykseydestään Kamesvaran (Shivan) kanssa.

864. Om kanat kanaka tāṭaṅkāyai namaḥ
...jonka korvissa kimaltelevat kultarenkaat.

865. Om līlā vigraha dhāriṇyai namaḥ
...joka ottaa itselleen useita erilaisia muotoja kosmisen näytelmän takia.

866. Om ajāyai namaḥ
...joka ei ole koskaan syntynyt.

867. Om kṣaya vinirmuktāyai namaḥ
...joka ei rappeudu.

868. Om mugdhāyai namaḥ
...joka on viehättävä kauneudessaan.

869. Om kṣipra prasādinyai namaḥ
...jota on helppo miellyttää.

870. Om antar mukha samārādhyāyai namaḥ
...jota tulisi palvoa sisäisesti (sydämessä).

871. Om bahir mukha sudurlabhāyai namaḥ
...jota on vaikea saavuttaa mielen ollessa ulopäin suuntautunut.

872. Om trayyai namaḥ
...joka on kolme Vedaa.

873. Om trivarga nilayāyai namaḥ
...joka on ihmisen elämän kolmen pyrkimyksen asumus.

874. Om tristhāyai namaḥ
...joka on läsnä olemassaolon kolmessa eri vaiheessa.

875. Om tripura mālinyai namaḥ
...joka on Tripuramalini (Parvati).

876. Om nir āmayāyai namaḥ
...joka on vapaa kaikista sairauksista.

877. Om nir ālambāyai namaḥ

...joka ei ole riippuvainen kenestäkään.

878. Om svātmārāmāyai namaḥ

...joka iloitsee omasta Itsestään.

879. Om sudhāsṛtyai namaḥ

...joka on sudhan (henkisen nektarin) lähde.

880. Om saṁsāra paṅka nirmagna samuddharaṇa paṇḍitāyai namaḥ

...joka on taitava kohottamaan heidät, jotka ovat vajonneet jälleensyntymisen suohon.

881. Om yajña priyāyai namaḥ

...joka pitää uhrauksista ja muista rituaaleista.

882. Om yajña kartryai namaḥ

...joka kaikkien uhrirituaalien tekijä.

883. Om yajamāna svarūpiṇyai namaḥ
...joka ilmenee Yajamanan (Shivan) muodossa, joka on uhrirituaalien perustaja.

884. Om dharmādhārāyai namaḥ
...joka tukee dharmaa, oikeaa elämäntapaa.

885. Om dhanādhyakṣāyai namaḥ
...joka valvoo kaikkia rikkauksia.

886. Om dhana dhānya vivardhinyai namaḥ
...joka kasvattaa vaurautta ja sadon määrää.

887. Om vipra priyāyai namaḥ
...joka pitää oppineisuudesta.

888. Om vipra rūpāyai namaḥ
...joka on oppinut eli Itsen tuntija.

889. Om viśva bhramaṇa kāriṇyai namaḥ
...joka saa maailmankaikkeuden pyörimään jaksottaisesti maya-voimansa avulla.

890. Om viśva grāsāyai namaḥ
...joka ahmaisee maailmankaikkeuden luomisen jakson lopulla.

891. Om vidrumābhāyai namaḥ
...joka hohtaa kuin punainen koralli.

892. Om vaiṣṇavyai namaḥ
...joka on Vaishnavi, Vishnun voima.

893. Om viṣṇu rūpiṇyai namaḥ
...joka ilmenee Vishnuna levittäytyen koko maailmankaikkeuteen.

894. Om ayonyai namaḥ
...jolla ei ole muuta alkuperää kuin Itse.

895. Om yoni nilayāyai namaḥ
...joka synnyttää kaiken.

896. Om kūṭasthāyai namaḥ
...joka pysyy muuttumattomana niin kuin alasin.

897. Om kula rūpiṇyai namaḥ
...joka on kula-polun (kundaliinin kulkureitin) jumalatar.

898. Om vīra goṣṭhī priyāyai namaḥ
...joka pitää sankarillisten taistelijoitten seurasta.

899. Om vīrāyai namaḥ
...joka on sankari.

900. Om naiṣkarmyāyai namaḥ
...joka pidättäytyy toiminnasta.

901. Om nāda rūpiṇyai namaḥ
...joka on mystinen alkuääni nada.

902. Om vijñāna kalanāyai namaḥ
...joka oivaltaa absoluutin tiedon.

903. Om kalyāyai namaḥ
...joka on kykenevāinen luomaan.

904. Om vidagdhāyai namaḥ

...joka on asiantuntija kaikessa.

905. Om baindavāsanāyai namaḥ

...joka istuu bindussa (kulmakarvojen välissä, Sri-Chakran keskipisteessä).

906. Om tattvādhikāyai namaḥ

...joka ylittää kaikki kosmiset kategoriat.

907. Om tattva mayyai namaḥ

...joka on perimmäinen totuus.

908. Om tat tvam artha svarūpiṇyai namaḥ

...joka on tat, joka viittaa Brahmaniin, ja tvam, joka viittaa yksilösieluun.

909. Om sāma gāna priyāyai namaḥ

...joka pitää Samavedan laulamisesta.

910. Om somyāyai namaḥ

...joka on somalle osoitetun uhripalveluksen kohde.

911. Om sadāśiva kuṭumbinyai namaḥ
...joka on Sadashivan puoliso.

912. Om savyāpasavya mārgasthāyai namaḥ
...joka voidaan saavuttaa sekä vasemman että oikean polun palvonnalla.

913. Om sarvāpad vinivāriṇyai namaḥ
...joka poistaa kaikki vaarat.

914. Om svasthāyai namaḥ
...joka pysyttelee Itsessään, vapaana erilaisuuden luomista huolista.

915. Om svabhāva madhurāyai namaḥ
...joka on luonnostaan suloinen.

916. Om dhīrāyai namaḥ
...joka omaa ja suo viisauden.

917. Om dhīra samarcitāyai namaḥ
...jota viisaat palvovat.

918. Om caitanyārghya samārādhyāyai namaḥ
..jota palvotaan uhraamalla Hänelle mieli.

919. Om caitanya kusuma priyāyai namaḥ
...joka pitää siitä, että mieli uhrataan hänelle kukkasena.

920. Om sadoditāyai namaḥ
...joka on aina loistava.

921. Om sadā tuṣṭāyai namaḥ
...joka on aina tyytyväinen.

922. Om taruṇāditya pāṭalāyai namaḥ
..joka on ruusuinen niin kuin aamuaurinko.

923. Om dakṣiṇādakṣiṇārādhyāyai namaḥ
...jota palvovat sekä ansioituneet että vähemmän ansioituneet.

924. Om dara smera mukhāmbujāyai namaḥ
...jonka lootuskasvoilla säteilee suloinen hymy jopa pelottavissa tilanteissa.

925. Om kaulinī kevalāyai namaḥ

...jota kaula-perinnettä seuraavat palvovat puhtaana tietoisuutena.

926. Om anarghya kaivalya pada dāyinyai namaḥ

...joka antaa vapautuksen mittaamattoman arvokkaan hedelmän.

927. Om stotra priyāyai namaḥ

...joka pitää ylistyslauluista.

928. Om stuti matyai namaḥ

...joka on kaikkien ylistyslaulujen arvoinen.

929. Om śruti saṁstuta vaibhavāyai namaḥ

...jonka loistoa ylistetään pyhissä kirjoituksissa (shruteissa).

930. Om manasvinyai namaḥ

...joka hallitsee mielensä.

931. Om mānavatyai namaḥ

...jolla on korkeimmalle tasolle kehittynyt mieli.

932. Om maheśyai namaḥ
...joka on Shivan puoliso.

933. Om maṅgalākṛtaye namaḥ
...joka on hyväenteinen.

934. Om viśva mātre namaḥ
...joka on maailmankaikkeuden ja siten myös Vishnun Äiti.

935. Om jagad dhātryai namaḥ
...joka Äitinä suojelee ja ylläpitää maailmaa.

936. Om viśālākṣyai namaḥ
...jolla on suuret, kaikennäkevät silmät.

937. Om virāgiṇyai namaḥ
...joka on täydellisen vapaa himosta.

938. Om pragalbhāyai namaḥ
...joka on taitava ja luottavainen.

939. Om paramodārāyai namaḥ
...joka on jalomielinen.

940. Om parā modāyai namaḥ
...joka on korkeimmalla tavalla iloinen.

941. Om manomayyai namaḥ
...joka ilmenee mielenä.

942. Om vyoma keśyai namaḥ
...jolla on taivas hiuksinaan.

943. Om vimānasthāyai namaḥ
...joka matkustaa taivaallisissa valovaunuissa jumalien kanssa.

944. Om vajriṇyai namaḥ
...joka on Indran vaimo.

945. Om vāmakeśvaryai namaḥ
...joka on Vamakeshvara-tantran jumalatar.

946. Om pañca yajña priyāyai namaḥ
...joka on mielissään viidestä uhrista (yagnasta) ja siunaa uhraajat.

947. Om pañca preta mañcādhi śāyinyai namaḥ
...joka lepää sohvalla, joka on tehty viiden jumalan kehosta.

948. Om pañcamyai namaḥ
...joka on viides.

949. Om pañca bhūteśyai namaḥ
...joka on viiden alkuelementin (maan, veden, tulen, ilman ja eetterin) jumalatar.

950. Om pañca saṅkhyopacāriṇyai namaḥ
...jota palvotaan käyttäen viittä eri tarviketta.

951. Om śāśvatyai namaḥ
...joka on ikuinen.

952. Om śāśvataiśvaryāyai namaḥ
...joka on ikuinen hallitsija.

953. Om śarmadāyai namaḥ

...joka suo ikuisen onnellisuuden.

954. Om śambhu mohinyai namaḥ

...joka on Sambhun (Shivan) lumoaja.

955. Om dharāyai namaḥ

...joka on Äiti Maa.

956. Om dhara sutāyai namaḥ

...joka on Dharan, Himalajan vuorten kuninkaan tytär.

957. Om dhanyāyai namaḥ

...joka on äärimmäisen siunattu.

958. Om dharmiṇyai namaḥ

...joka on oikeudenmukainen.

959. Om dharma vardhinyai namaḥ

...joka edistää dharmaa (oikeudenmukaisuutta).

960. Om lokātītāyai namaḥ
...joka ylittää maailmat.

961. Om guṇātītāyai namaḥ
...joka ylittää luonnonvoimat (gunat).

962. Om sarvātītāyai namaḥ
...joka ylittää kaiken.

963. Om śamātmikāyai namaḥ
...joka on luonnostaan rauhallinen ja autuaallinen.

964. Om bandhūka kusuma prakhyāyai namaḥ
...joka muistuttaa bandhuka-kukkaa kauneudessaan ja viehkeydessään.

965. Om bālāyai namaḥ
...joka on aina luonteeltaan kuin lapsi.

966. Om līlā vinodinyai namaḥ
...joka iloitsee jumalallisesta leikistään (liilastaan).

967. Om sumaṅgalyai namaḥ
...joka on ikuisesti hyväntahtoinen.

968. Om sukha karyai namaḥ
...joka lahjoittaa onnellisuuden.

969. Om suveṣāḍhyāyai namaḥ
...joka on viehättävä kauniissa ja arvokkaissa vaatteissaan ja koruissaan.

970. Om suvāsinyai namaḥ
...joka on onnellisesti naimisissa.

971. Om suvāsinyarcana prītāyai namaḥ
...joka on mielissään naimisissa olevien naisten suorittamasta palvonnasta.

972. Om āśobhanāyai namaḥ
...joka on aina säteilevä.

973. Om śuddha mānasāyai namaḥ
...joka puhdistaa palvojien mielen.

974. Om bindu tarpaṇa santuṣṭāyai namaḥ
...joka on mielissään Bindulle tehdyistä uhrauksista.

975. Om pūrva jāyai namaḥ
...joka on ensimmäinen kaikista.

976. Om tripurāmbikāyai namaḥ
...joka on kolmen kaupungin jumalatar.

977. Om daśa mudrā samārādhyāyai namaḥ
...jota palvotaan kymmenellä mudralla (käsien ja sormien asennolla).

978. Om tripurāśrī vaśaṅkaryai namaḥ
...jonka alaisuudessa Tripurasri on.

979. Om jñāna mudrāyai namaḥ
...joka ilmenee jnanamudrana ja joka antaa tiedon autuuden.

980. Om jñāna gamyāyai namaḥ
...jonka voi saavuttaa tiedon joogan avulla.

981. Om jñāna jñeya svarūpiṇyai namaḥ
...joka on sekä tieto että tiedon kohde.

982. Om yoni mudrāyai namaḥ
...joka ilmenee luomismudrana (yonimudrana).

983. Om trikhaṇḍeśyai namaḥ
...joka hallitsee Trikhanda-mudraa.

984. Om triguṇāyai namaḥ
...joka ilmenee kolmena luonnon voimana, gunana (sattva, rajas ja tamas).

985. Om ambāyai namaḥ
...joka on maailmankaikkeuden Äiti.

986. Om trikoṇagāyai namaḥ
...joka oleilee kolmiossa.

987. Om anaghāyai namaḥ
...joka on synnitön.

988. Om adbhuta cāritrāyai namaḥ
...jonka teot ovat ihmeellisiä.

989. Om vāñchitārtha pradāyinyai namaḥ
...joka täyttää seuraajiensa kaikki (maalliset ja henkiset) toiveet.

990. Om abhyāsātiśaya jñātāyai namaḥ
...jonka voi oppia tuntemaan vain ankaralla henkisellä kurinalaisuudella.

991. Om ṣaḍadhvātīta rūpiṇyai namaḥ
...joka ylittää palvonnan kuusi eri muotoa.

992. Om avyāja karuṇā mūrtaye namaḥ
...joka on puhdas myötätunto.

993. Om ajñāna dhvānta dīpikāyai namaḥ
..joka on kirkas lamppu, joka poistaa tietämättömyyden pimeyden.

994. Om ābāla gopa viditāyai namaḥ
...jonka kaikki, jopa lapset ja lehmipaimenet, tuntevat hyvin.

995. Om sarvānullaṅghya śāsanāyai namaḥ
...jonka käskyjä kukaan ei jätä tottelematta.

996. Om śrīcakra rāja nilayāyai namaḥ
...joka asustaa Sri Chakrassa, chakrojen kuninkaassa.

997. Om śrīmat tripura sundaryai namaḥ
...joka on jumalainen Tripurasundari Devi.

998. Om śrī śivāyai namaḥ
...joka on hyväenteinen ja jumalainen Shiva.

999. Om śiva śaktyaikya rūpiṇyai namaḥ
...jossa Shiva ja Shakti yhdistyvät.

1000. Om lalitāmbikāyai namaḥ
...joka on Lalita, leikkisä Äiti.

Mantrahīnam kriyāhīnam
bhaktihīnam maheśvari
yadpūjitam mayā devī
paripūrṇam tadastute

Oi Äiti, olen saattanut unohtaa lausua monta mantraa, olen saattanut unohtaa suorittaa monta rituaalia, olen saattanut tehdä tämän ilman oikeanlaista antaumusta ja keskittyneisyyttä. Anna minulle anteeksi virheeni ja tee armossasi jumalanpalveluksestani ehyempi ja kokonaisempi.

Śrī Mahiṣāsuramardini Stotram

Ayi giri nandini nandita medini viśva vinodini nandanute
giri varavindya śirodhi nivāsini viṣṇu vilāsini jiṣṇunute
bhagavati he śitikaṇṭha kuṭumbini bhūri kuṭumbini bhūrikṛte
jaya jaya he mahiṣāsura-mardini ramyakapardini śailasute /1

Tervehdys Sinulle, oi (Kosminen) Äiti. Sinä olet suurin ilonaihe Isällesi (Himalayalle), sillä Sinä olet luonut jumalallisen leikin (liilan) vuoksi tämän maailmankaikkeuden. Sinä olet kaikkien luotujen onnenlähde. Sinun ylistystäsi laulavat kaikki, jopa Nandi-härkä (Shivan kulkuneuvo). Sinä asustat Vindhya-vuoriston mahtavilla huipuilla. Vishnu (maailmankaikkeutta hallitseva jumala) saa voimansa yksin Sinulta. Jopa mahtava jumala Indra rukoilee vain Sinua. Sinulle koko maailma on yhtä perhettä.

Kertosäe: Tervehdys voittoisalle puhvelidemonin surmaajalle, Shivan rakastetulle, vuoren tyttärelle!

Suravara varṣiṇi durdhara dharṣiṇi durmukha marṣiṇi harṣarate
tribhuvana poṣiṇi śaṅkara toṣiṇi kalmaṣa moṣiṇi ghoṣarate
danu jani roṣiṇi ditisuta roṣiṇi durmada śoṣiṇi sindusute
jaya jaya he mahiṣāsura-mardini ramyakapardini śailasute /2

Voitto Sinulle, Äiti! Sinä jaat taivaallisia lahjojasi kaikille jumalille. Sinä kukistit Dhudhara-jättiläisen ja pahan Durmukhan. Olet vakiintunut ikuiseen autuuteen ja ilahdutat muita ylläpitämällä kolmea maailmaa. Olet mahtavan Shiva-jumalan autuuden lähde. Sinä tuhosit asuroiden (paholaisten) sotahuudot, sillä he saivat Sinut raivoihisi. Pahantahtoisia kohtaan Sinä olet suvaitsematon. Itsekkäälle Durmadalle Sinä olit kuoleman kulkuneuvo. Sinä olet myös valtameren tytär.

Ayi jagadamba madamba kadamba vana priya vāsini hāsarate
śikhari śiromaṇi tuṅgahimālaya śṛṅganijālaya madhyagate
madhu madhure madhukaiṭabha bhañjini kaiṭabha bhañjini rāsarate
jaya jaya he mahiṣāsura-mardini ramyakapardini śailasute /3

Olkoon voitto Sinun, Äiti! Sinä olet minun oma Äitini, samoin kuin koko luomakunnan universaali Äiti. Kadamba-metsä on Sinun pyhä olinpaikkasi. Sinä oleilet myös Himalaja-vuoriston huipulla. Suloinen hymysi, joka on hunajaakin ihanampi, kaunistaa kasvojasi. Madhu- ja Kaitabha-demonit Sinä tuhosit. Sinä poistat palvojiesi epäpuhtaudet ja iloitset jumalaisesta rasa–tanssista.

Ayi śata khaṇḍa vikhaṇḍita ruṇḍa vituṇḍita śuṇḍa gajādhipate
ripugaja gaṇḍa vidāraṇa caṇḍa parā krama śauṇḍa mṛgādhipate
nija bhujadaṇḍa nipātita caṇḍa vipātita muṇḍa bhaṭādhipate
jaya jaya he mahiṣāsura-mardini ramyakapardini śailasute /4

Kunnia Sinulle, oi Äiti! Sinä tuhosit shatakhanda-aseellasi demoniset vihollisesi ja leikkasit heidät sadoiksi palasiksi. Kulkuneuvosi leijona tappoi vihollistesi valtavat elefantit silloin, kun Sinä tuhosit asuroiden armeijan voimallisten käsiesi kuolettavilla iskuilla.

Ayi raṇa durmada śatru vadhodita durdhara nirjara śaktibhṛte
catura vicāra dhurīṇa mahāśiva dūta kṛta pramathādhipate
durita durīha durāśaya durmati dānava dūta kṛtāntamate
jaya jaya he mahiṣāsura-mardini ramyakapardini śailasute /5

Tuhoamalla demonien joukon, Sinä vähensit sitä raskasta taakkaa, jota Äiti Maa on kantanut. Valitsit sisäänpäin suuntautuneen joogi Shivan rauhan sanansaattajaksesi, mutta lopulta Sinä tuhosit asuroiden (paholaisten) salakavalat aikomukset.

Ayi śaraṇāgata vairivadhūvara vīravarābhaya dāyikare
tribhu vana mastaka śūla virodhi śirodhi kṛtāmala śūlakare
dumi dumi tāmara dundubhināda mahomukharī kṛta diṅgikare
jaya jaya he mahiṣāsura-mardini ramyakapardini śailasute /6

Oi Äiti! Annoit siunauksesi asuroiden vaimoille, jotka hakivat turvaa luotasi. Olit Kuitenkin armoton niille demoneille, jotka olivat yhä uhka luomakunnalle; käytit kolmikärkeä surmataksesi heidät. Tämä teko sai kiitoksen ja ylistyksen jumalilta, jotka soittivat soittimiaan ja täyttivät siten koko luomakunnan rytmikkäillä soinneillaan.

Ayi nija humkṛti mātra nirākṛta dhūmra vilocana dhūmraśate
sama ravi śoṣita śoṇita bīja samud bhava śoṇita bījalate
śiva śiva śumbha niśumbha mahāhava tarpita bhūta piśācapate
jaya jaya he mahiṣāsura-mardini ramyakapardini śailasute /7

Oi Äiti, lausuit voimakkaalla äänelläsi hum-mantraa, joka muutti ihmeenomaisesti Dhumralochanan ja hänen pahat liittolaisensa tuhkaksi. Tuhosit Raktabijan ja hänen rikoskumppaninsa, taistelit urheasti ja surmasit Sumbhan ja Nisumbhan. Tämä teko miellytti Shivaa, kummitusten ja pahojen henkien Herraa.

Dhanu ranu ṣaṅga raṇakṣaṇa saṅga parisphura daṅga naṭatkaṭake
kanaka piśaṅga pṛṣatkaniṣaṅga rasad bhaṭaśṛṅga hatā baṭuke
kṛta catu raṅga balakṣiti raṅga ghaṭad bahuraṅga raṭad baṭuke
jaya jaya he mahiṣāsura-mardini ramyakapardini śailasute /8

Oi Äiti, käyttäessäsi taistelussa aseita rannerenkaasi helisivät rytmikkäästi. Lanteillesi sidotut kellot hohtivat ja sokaisivat vihollisesi. Isot haaskalinnut leijailivat vihollistesi surmattujen ruumiiden yllä, jotka makasivat pitkin poikin taistelutannerta.

Sura lalanā tatatho tatatho tatatho bhinayottara nṛtyarate
kṛta kukuthaḥ kukutho gaḍadādika tāla kutūhala gānarate
dhudhukuṭa dhukuṭa dhimdhimita dhvani dhīra mṛdaṅga ninādarate
jaya jaya he mahiṣāsura-mardini ramyakapardini śailasute /9

Oi Äiti, äänten lähde, Sinä iloitset taivaallisten tanssijoitten liikkeistä, kun he tanssivat rytmikkäästi sointujen tahtiin: tatatoo–tatatoo–tatatoo ja kukutha–kukutha–kukutha ja ga–ga–dha. Heidän rumpunsa luovat äänen: kuthu–dhukuta-dhimi.

Jaya jaya jaya jaye jaya śabda parastuti tatpara viśvanute
jhaṇajhaṇa jhim jhimi jhimkṛta nūpura śiñjita mohita bhūtapate
naṭita naṭārdha naṭī naṭanāyaka nāṭita nāṭya sugānaratè
jaya jaya he mahiṣāsura-mardini ramyakapardini śailasute /10

Oi Äiti! Kaikki palvojasi laulavat Sinulle: "Voitto, voitto!" Ja Sinä tanssit Shivaan sulautuneena Hänen tandava–tanssiaan ja Häntä miellyttää helisevä ääni, joka lähtee nilkkakoruistasi.

Ayi sumunaḥ sumanaḥ sumanaḥ sumanaḥ sumanohara kāntiyute
śritarajanī rajanī rajanī rajanī rajanī kara vaktrayute
sunayana vibhramara bhramara bhramara bhramara bhramarādhipate
jaya jaya he mahiṣāsura-mardini ramyakapardini śailasute /11

Oi Äiti! Devat uhraavat Sinulle sydämen kukkasia ja vangitseva kauneutesi omaksuu kukkivan kukan muodon, jota he mielessään ajattelevat. Sinun kasvosi ovat kuin lootuksenkukka, joka kelluu kuun valaiseman järven pinnalla. Kiharat hiuksiesi, jotka aaltoilevat kuin mehiläisparvi, lisäävät silmiesi kauneutta.

**Mahita mahāhava mallamatallika vallita rallaka bhallirate
viracita vallika pallika mallika jhillika bhillika vargavṛte
sitakṛta phulla samulla sitāruṇa tallaja pallava sallalite
jaya jaya he mahiṣāsura-mardini ramyakapardini śailasute /12**

Oi Äiti! Kun soturit laukaisevat aseensa taistelukentällä, Sinä tarkkailet heitä. Sinä olet vuorten asukkaiden turva, ja myös niiden heimojen, jotka asuvat alempana lehtimajoissaan. Kahdentoista adityan palvellessa sinua, Sinä loistat jopa vieläkin kirkkaammin.

**Avirala gaṇḍa galanmada medura matta mataṅgaja rājapate
tribhuvana bhūṣaṇa bhūta kalānidhi rūpa payonidhi rājasute
ayi sudatī jana lālasa mānasa mohana manmatha rājasute
jaya jaya he mahiṣāsura-mardini ramyakapardini śailasute /13**

Oi Äiti, astelet majesteetillisesti niin kuin elefanttien kuningas, jonka temppelistä virtaa ylitsevuotavasti rikkauksia. Nousit valtamerestä Maha Lakshmina kuun myötä, joka nyt kaunistaa kolmea maailmaa. Manmatha, joka sokaisee nuoret neidot, tuntee Sinua kohtaan pelonsekaista kunnioitusta, sillä hän ei kykene orjuuttamaan sinua halulla.

Kamala dalāmala komala kānti kalākalitāmala bhālalate
sakalavilāsa kalānilaya krama keli calat kalahaṁsakule
alikula saṅkula kuvalaya maṇḍala maulimilad-bakulālikule
jaya jaya he mahiṣāsura-mardini ramyakapardini śailasute /14

Oi Äiti, kaunis otsasi, joka on avara ja vertaistaan vailla, ylittää loistossaan jopa lootuksenkukat. Viehkeät liikkeesi tuovat mieleen joutsenen. Hiuksiasi koristavat bakula-kukkaset viehättävät mehiläisparvia.

Kala muralī rava vījitakūjita lajjita kokila mañjumate
milita pulinda manohara guñjita rañjita śaila nikuñjagate
nijaguṇa bhūta mahāśabarī gaṇa sad guṇa sambhṛta kelirate
jaya jaya he mahiṣāsura-mardini ramyakapardini śailasute /15

Oi Äiti, huilustasi virtaavat melodiset sävelmät saavat käen lopettamaan laulunsa. Seisoessasi Kalisha-puistikossa katsomassa Sinua palvovia metsästäjänaisia, mehiläiset surisevat suloisesti.

Kaṭitaṭa pītadukūla vicitra mayūkha tiraskṛta candrarūce
praṇata surāsura mauli maṇisphura daṁśu lasannakha candraruce
jita kanakācala mauli madorjita nirbhara kuñjara kumbhakuce
jaya jaya he mahiṣāsura-mardini ramyakapardini śailasute /16

Oi Äiti, vaate, jota kannat kapealla uumallasi, ylittää kuun loiston. Varpaankyntesi säitelevät kirkkaasti ja niiden kimallus heijastuu sekä asuroiden että surien kruunuista, kun he kumartavat kunnioituksesta edessäsi. Sinun rintasi ovat kuin Himalaja-vuoren huiput, joilta vesiputoukset virtaavat.

Vijita sahasra karaika sahasra karaika sahasra karaika nute
kṛta suratāraka saṅgaratāraka saṅgaratāraka sūnusute
suratha samādhi samāna samādhi samādhi samādhi sujātarate
jaya jaya he mahiṣāsura-mardini ramyakapardini śailasute /17

Oi Äiti, auringon loiste haalistuu rinnallasi ja antautuu Sinulle vuodattaen tuhansia valonsäteitään jumalallisille jaloillesi. Tarakasuran (demonin) poika ylistää Sinua ylenpalttisesti sodankäynnin jälkeen. Olet iloinen voidessasi ilmentyä mantrassa, jota Surathan ja Samadhin kaltaiset palvojat lausuvat antaumuksella Saptasatissa.

Pada kamalam karuṇā nilaye vari vasyati yonudinam nuśive
ayi kamale kamalā nilaye kamalā nilayaḥ sa katham na bhavet

tava padameva param padamitya nuśīlayato mama kim na śive
jaya jaya he mahiṣāsura-mardini ramyakapardini śailasute /18

Oi Äiti, oi Parvati! Sinun palvomisesi tuo vaurautta, sillä Sinä itse olet Maha Lakshmi (varauden jumalatar). Sinun pyhien jalkojesi palvominen ja mietiskeleminen tuovat lopullisen vapautuksen.

Kanakalasat kala sindhujalai ranuṣiñcati te guṇa raṅga bhuvam
bhajati sa kim na śacīkucakumbha taṭīparirambha sukhānu bhavam
tava caraṇam śaraṇam karavāṇi mṛḍāni sadāmayi dehi śivam
jaya jaya he mahiṣāsura-mardini ramyakapardini śailasute /19

Oi Äiti, jopa yksinkertainen lakaisija pihallasi perii kaikki taivaalliset nautinnot. Pyydän että ottaisit vastaan nöyrät palvelukseni ja antaisit minulle sen, minkä ajattelet olevan hyväksi minulle.

Tava vimalendu kulam vadanendu malam sakalam nanukūlayate
kimu puruhūta purīndu mukhī sumukhī bhirasau vimukhī kriyate
mama tu matam śivanāmadhane bhavatī kṛpayā kimuta kriyate
jaya jaya he mahiṣāsura-mardini ramyakapardini śailasute /20

Oi Äiti, yksikään taivaan kaunokaisista ei kykene houkutelemaan häntä, joka mietiskelee Sinun kauniita kasvojasi. Oi Shivan sydämen Äiti, täydellistä elämäni.

Ayi mayi dīnadayālutayā kṛpayaiva tvayā bhavitavyamume
ayi jagato jananī kṛpayāsi yathāsi tathānimitāsi rame
yaducita matra bhavatyurarī kurutāduru tāpamapākuru me
jaya jaya he mahiṣāsura-mardini ramyakapardini śailasute /21

Oi Äiti, oi Uma! Etkö juuri Sinä ole tunnettu myötätunnostasi? Ole armelias minulle, oma Äitini! Salli minun kaikkien surujeni poistuvan!

Śrī Lalitā Sahasranāmāvali

Jumalallisen Äidin tuhat nimeä

Dhyānam

Sindūrāruṇa vigrahām tri nayanām māṇikya mauli sphurat tārānāyaka śekharām smita mukhīm āpīna vakṣoruhām pāṇibhyām alipūrṇa ratna caṣakam raktotpalam bibhratīm saumyām ratna ghaṭastha rakta caraṇām dhyāyet parām ambikām

Oi Äiti Ambika, mietiskelen Sinun loistavaa sinduran-punaista hahmoasi, kolmea sädehtivää, pyhää silmääsi, jalokivin koristeltua kruunuasi, kuunsirppiäsi ja suloista hymyäsi. Sinun rintasi ovat ehtymätön lähde elämän maitoa lapsillesi. Toisessa kädessäsi Sinulla on hunaja–astia ja toisessa punainen lootuksenkukka, edustaen iloa ja viisautta, jonka lähde Sinä olet. Sinun jalkasi lepäävät kauniilla, jalokiviä täynnä olevalla astialla, joka ilmaisee että Sinulle antautuvalla ei tule koskaan olemaan puutetta eikä vaikeuksia.

Dhyāyet padmāsanasthām vikasita vadanām padma patrāyatākṣīm
hemābhām pītavastrām kara kalita lasad hema padmām varāṅgīm
sarvālaṅkāra yuktām satatam abhayadām bhaktanamrām bhavānīm
śrī vidyām śānta mūrtim sakala sura nutāmsarva sampat pradātrīm

Oi Äiti, joka istut syvenevää rauhaa ilmentävässä lootuksenkukassa, jonka kasvot säteilevät ja silmät ovat kuin lootuksen terälehdet, joka on pukeutunut kultaiseen asuun ja sädehtiviin koruihin, joka pidät kultaista lootuksenkukkaa kädessäsi suojellen alati eteesi kumartuvaa palvojaa. Salli minun mietiskellä Sinua, oi Sri Vidya (jumalallisen tiedon ruumiillistuma), jota jumalat ylistävät ja joka lahjoitat kaiken vaurauden.

Sakuṅkuma vilepanām alika cumbi kastūrikām
samanda hasitekṣaṇām saśara cāpa pāśāṅkuśām
aśeṣa jana mohinīm aruṇa mālya bhūṣojvalām
japā kusuma bhāsurām japavidhau smaredambikām

Oi maailmankaikkeuden Äiti, istuessani toistamaan mantroja, salli minun mietiskellä hibiscus-kukan kaltaista kauneuttasi, punaista kukkaseppelettä ja säteileviä koruja ylläsi, punaisen sahramin väristä ihoasi ja tummaa myskiä otsallasi, jonka suloinen tuoksu houkuttelee mehiläisiä puoleensa. Sinä pidät käsissäsi jousta ja nuolia, köyttä ja piikkisauvaa, hymyilet ja katselet ympärillesi suloisesti, kujeillen kaikille.

Aruṇām karuṇā taraṅgitākṣīm
dhṛta pāśāṅkuśa puṣpa bāṇa cāpām
aṇimādibhir āvṛtām mayūkhai
raham ityeva vibhāvaye maheśīm

Oi suuri Jumalatar, salli minun mietiskellä olevani yhtä Sinun säteilevän, punaisen hahmosi kanssa. Sinä sädehdit kaikkia valon voimia kuten animaa ja kahdeksaa jumallista hyvettä. Kädessäsi Sinulla on lasso, piikkisauva, jousi ja kukkanuoli, ja Sinun silmäsi lähettävät myötätunnon aaltoja ympärilleen.

1. **Śrī-mātā śrī-mahā-rājñī śrīmat-siṁhāsaneśvarī cid-agni-kuṇḍa-sambhūtā deva-kārya-samudyatā**
2. **Udyad-bhānu-sahasrābhā catur-bāhu-samanvitā rāga-svarūpa-pāśāḍhyā krodhā-kārāṅkuś-ojjvalā**
3. **Mano-rūpekṣu-kodaṇḍā pañca-tanmātra-sāyakā nijāruṇa-prabhāpūra-majjad-brahmāṇḍa-maṇḍalā**
4. **Campakāśoka-punnāga-saugandhika-lasat-kacā kuruvinda-maṇi-śreṇī-kanat-koṭīra-maṇḍitā**
5. **Aṣṭamī-candra-vibhrāja-dalika-sthala-śobhitā mukha-candra-kalaṅkābha-mṛganābhi-viśeṣakā**
6. **Vadana-smara-māṅgalya-gṛha-toraṇa-cillikā vaktra-lakṣmī-parīvāha-calan-mīnābha-locanā**
7. **Nava-campaka-puṣpābha-nāsā-daṇḍa-virājitā tārā-kānti-tiraskāri-nāsābharaṇa-bhāsurā**

8. **Kadamba-mañjarī-klṛpta-karṇa-pūra-manoharā**
tāṭaṅka-yugalī-bhūta-tapanoḍupa-maṇḍalā
9. **Padma-rāga-śilādarśa-paribhāvi-kapola-bhūḥ**
nava-vidruma-bimba-śrī-nyakkāri-radana-cchadā
10. **Śuddha-vidyāṅkurākāra-dvija-paṅkti-dvayojjvalā**
karpūra-vīṭikāmoda-samākarṣad-digantarā
11. **Nija-sallāpa-mādhurya-vinirbhartsita-kacchapī**
manda-smita-prabhā-pūra-majjat-kāmeśa-mānasā
12. **Anākalita-sādṛśya-cibuka-śrī-virājitā**
kāmeśa-baddha-māṅgalya-sūtra-śobhita-kandharā
13. **Kanakāṅgada-keyūra-kamanīya-bhujānvitā**
ratna-graiveya-cintāka-lola-muktā-phalānvitā
14. **Kāmeśvara-prema-ratna-maṇi-pratipaṇa-stanī**
nābhyāla-vāla-romāli-latā-phala-kuca-dvayī

15. Lakṣya-roma-latā-dhāratā-sumunneya-madhyamā
stana-bhāra-dalan-madhya-paṭṭa-bandha-vali-trayā
16. Aruṇāruṇa-kausumbha-vastra-bhāsvat-kaṭī-taṭī
ratna-kinkiṇikā-ramya-raśanā-dāma-bhūṣitā
17. Kāmeśa-jñāta-saubhāgya-mārdavoru-dvayānvitā
māṇikya-mukuṭākāra-jānu-dvaya-virājitā
18. Indra-gopa-parikṣipta-smara-tūṇābha-jaṅghikā
gūḍha-gulphā kūrma-pṛṣṭha-jayiṣṇu-prapadānvitā
19. Nakha-dīdhiti-sañchanna-namajjana-tamoguṇa
pada-dvaya-prabhā-jāla-parākṛta-saroruhā
20. Śiñjāna-maṇi-mañjīra-maṇḍita-śrī-padāmbujā
marālī-manda-gamanā mahā-lāvaṇya-śevadhiḥ
21. Sarvāruṇā'navadyāṅgī sarvābharaṇa-bhūṣitā
śiva-kāmeśvarāṅkasthā śivā svādhīna-vallabhā

22. Sumeru-madhya-śṛṅgasthā śrīman-nagara-nāyikā
cintāmaṇi-gṛhāntasthā pañca-brahmāsana-sthitā
23. Mahā-padmāṭavī-saṁsthā kadamba-vana-vāsinī
sudhā-sāgara-madhyasthā kāmākṣī kāmadāyinī
24. Devarṣi-gaṇa-saṅghāta-stūyamānātma-vaibhavā
bhaṇḍāsura-vadhodyukta-śakti-senā-samanvitā
25. Sampatkarī-samārūḍha-sindhura-vraja-sevitā
aśvārūḍhādhiṣṭhitāśva-koṭi-koṭibhir-āvṛtā
26. Cakra-rāja-rathārūḍha-sarvāyudha-pariṣkṛtā
geya-cakra-rathārūḍha-mantriṇī-parisevitā
27. Kiricakra-rathārūḍha-daṇḍanāthā-puras-kṛtā
jvālā-mālinikākṣipta-vahni-prākāra-madhyagā
28. Bhaṇḍa-sainya-vadhodyukta-śakti-vikrama-harṣitā
nityā-parākramāṭopa-nirīkṣaṇa-samutsukā

29. Bhaṇḍa-putra-vadhodyukta-bālā-vikrama-nanditā
mantriṇyambā-viracita-viṣaṅga-vadha-toṣitā
30. Viśukra-prāṇa-haraṇa-vārāhī-vīrya-nanditā
kāmeśvara-mukhāloka-kalpita-śrī-gaṇeśvarā
31. Mahā-gaṇeśa-nirbhinna-vighna-yantra-praharṣitā
bhaṇḍāsurendra-nirmukta-śastra-pratyastra-varṣiṇī
32. Karāṅguli-nakhotpanna-nārāyaṇa-daśākṛtiḥ
mahā-pāśupatāstrāgni-nirdagdhāsura-sainikā
33. Kāmeśvarāstra-nirdagdha-sabhaṇḍāsura-śūnyakā
brahmopendra-mahendrādi-deva-saṁstuta-vaibhavā
34. Hara-netrāgni-sandagdha-kāma-sañjīvanauṣadhiḥ
śrīmad-vāgbhava-kūṭaika-svarūpa-mukha-paṅkajā
35. Kaṇṭhādhaḥ-kaṭi-paryanta-madhya-kūṭa-svarūpiṇī
śakti-kūṭaikatāpanna-kaṭyadhobhāga-dhāriṇī

36. Mūla-mantrātmikā mūla-kūṭa-traya-kalebarā
kulāmṛtaika-rasikā kula-saṅketa-pālinī
37. Kulāṅganā kulāntasthā kaulinī kula-yoginī
akulā samayāntasthā samayācāra-tatparā
38. Mūlādhāraika-nilayā brahma-granthi-vibhedinī
maṇipūrāntar-uditā viṣṇu-granthi-vibhedinī
39. Ājñā-cakrāntarālasthā rudra-granthi-vibhedinī
sahasrārāmbujārūḍhā sudhā-sārābhi-varṣiṇī
40. Taḍil-latā-sama-ruciḥ ṣaṭ-cakropari-saṁsthitā
mahā-saktiḥ kuṇḍalinī bisa-tantu-tanīyasī
41. Bhavānī bhāvanāgamyā bhavāraṇya-kuṭhārikā
bhadra-priyā bhadra-mūrtir bhakta-saubhāgya-dāyinī
42. Bhakti-priyā bhakti-gamyā bhakti-vaśyā bhayāpahā
śāmbhavī śāradārādhyā śarvāṇī śarma-dāyinī

43. Śāṅkarī śrīkarī sādhvī śarac-candra-nibhānanā
śātodarī śāntimatī nirādhārā nirañjanā
44. Nirlepā nirmalā nityā nirākārā nirākulā
nirguṇā niṣkalā śāntā niṣkāmā nirupaplavā
45. Nitya-muktā nirvikārā niṣprapañcā nirāśrayā
nitya-śuddhā nitya-buddhā niravadyā nirantarā
46. Niṣkāraṇā niṣkalaṅkā nirupādhir nirīśvarā
nīrāgā rāga-mathanā nirmadā mada-nāśinī
47. Niścintā nirahaṅkārā nirmohā moha-nāśinī
nirmamā mamatā-hantrī niṣpāpā pāpa-nāśinī
48. Niṣkrodhā krodha-śamanī nirlobhā lobha-nāśinī
niḥsaṁśayā saṁśaya-ghnī nirbhavā bhava-nāśinī
49. Nirvikalpā nirābādhā nirbhedā bheda-nāśinī
nirnāśā mṛtyu-mathanī niṣkriyā niṣparigrahā

50. Nistulā nīla-cikurā nirapāyā niratyayā
durlabhā durgamā durgā duḥkha-hantrī sukha-pradā
51. Duṣṭadūrā durācāra-śamanī doṣa-varjitā
sarvajñā sāndrakaruṇā samānādhika-varjitā
52. Sarva-śakti-mayī sarva-maṅgalā sad-gati-pradā
sarveśvarī sarva-mayī sarva-mantra-svarūpiṇī
53. Sarva-yantrātmikā sarva-tantra-rūpā manonmanī
māheśvarī mahā-devī mahā-lakṣmī mṛḍa-priyā
54. Mahā-rūpā mahā-pūjyā mahā-pātaka-nāśinī
mahā-māyā mahā-sattvā mahā-śaktir mahā-ratiḥ
55. Mahā-bhogā mahaiśvaryā mahā-vīryā mahā-balā
mahā-buddhir mahā-siddhir mahā-yogeśvareśvarī
56. Mahā-tantrā mahā-mantrā mahā-yantrā mahāsanā
mahā-yāga-kramārādhyā mahā-bhairava-pūjitā

57. Maheśvara-mahākalpa-mahātāṇḍava-sākṣiṇī
mahā-kāmeśa-mahiṣī mahā-tripura-sundarī
58. Catuḥ-ṣaṣṭyupacārāḍhyā catuḥ-ṣaṣṭi-kalāmayī
mahā-catuḥ-ṣaṣṭi-koṭi-yoginī-gaṇa-sevitā
59. Manu-vidyā candra-vidyā candra-maṇḍala-madhyagā
cāru-rūpā cāru-hāsā cāru-candra-kalā-dharā
60. Carācara-jagan-nāthā cakra-rāja-niketanā
pārvatī padma-nayanā padma-rāga-sama-prabhā
61. Pañca-pretāsanāsīnā pañca-brahma-svarūpiṇī
cinmayī paramānandā vijñāna-ghana-rūpiṇī
62. Dhyāna-dhyātṛ-dhyeya-rūpā dharmādharma-vivarjitā
viśva-rūpā jāgariṇī svapantī taijasātmikā
63. Suptā prājñātmikā turyā sarvāvasthā-vivarjitā
sṛṣṭi-kartrī brahma-rūpā goptrī govinda-rūpiṇī

64. Saṁhāriṇī rudra-rūpā tirodhāna-kar'īśvarī
sadā-śivā'nugraha-dā pañca-kṛtya-parāyaṇā
65. Bhānu-maṇḍala-madhyasthā bhairavī bhaga-mālinī
padmāsanā bhagavatī padma-nābha-sahodarī
66. Unmeṣa-nimiṣotpanna-vipanna-bhuvanāvalī
sahasra-śīrṣa-vadanā sahasrākṣī sahasra-pāt
67. Ābrahma-kīṭa-jananī varṇāśrama-vidhāyinī
nijājñā-rūpa-nigamā puṇyāpuṇya-phala-pradā
68. Śruti-sīmanta-sindūrī-kṛta-pādābja-dhūlikā
sakalāgama-sandoha-śukti-sampuṭa-mauktikā
69. Puruṣārtha-pradā pūrṇā bhoginī bhuvaneśvarī
ambikā'nādi-nidhanā hari-brahmendra-sevitā
70. Nārāyaṇī nāda-rūpā nāma-rūpa-vivarjitā
hrīṅ-kārī hrīmatī hṛdyā heyopādeya-varjitā

71. Rāja-rājārcitā rājñī ramyā rājīva-locanā
rañjanī ramaṇī rasyā raṇat-kiṅkiṇi-mekhalā
72. Ramā rākendu-vadanā rati-rūpā rati-priyā
rakṣā-karī rākṣasa-ghnī rāmā ramaṇa-lampaṭā
73. Kāmyā kāma-kalā-rūpā kadamba-kusuma-priyā
kalyāṇī jagatī-kandā karuṇā-rasa-sāgarā
74. Kalāvatī kalālāpā kāntā kādambarī-priyā
varadā vāma-nayanā vāruṇī-mada-vihvalā
75. Viśvādhikā vedavedyā vindhyācala-nivāsinī
vidhātrī veda-jananī viṣṇu-māyā vilāsinī
76. Kṣetra-svarūpā kṣetreśī kṣetra-kṣetrajña-pālinī
kṣaya-vṛddhi-vinirmuktā kṣetra-pāla-samarcitā
77. Vijayā vimalā vandyā vandāru-jana-vatsalā
vāg-vādinī vāma-keśī vahni-maṇḍala-vāsinī

78. **Bhaktimat-kalpa-latikā paśu-pāśa-vimocinī**
saṁhṛtāśeṣa-pāṣaṇḍā sadācāra-pravartikā
79. **Tāpa-trayāgni-santapta-samāhlādana-candrikā**
taruṇī tāpasārādhyā tanu-madhyā tamopahā
80. **Citis tat-pada-lakṣyārthā cid-eka-rasa-rūpiṇī**
svātmānanda-lavī-bhūta-brahmādyānanda-santatiḥ
81. **Parā pratyak-citī-rūpā paśyantī para-devatā**
madhyamā vaikharī-rūpā bhakta-mānasa-haṁsikā
82. **Kāmeśvara-prāṇa-nāḍī kṛtajñā kāma-pūjitā**
śṛṅgāra-rasa-sampūrṇā jayā jālandhara-sthitā
83. **Oḍyāṇa-pīṭha-nilayā bindu-maṇḍala-vāsinī**
raho-yāga-kramārādhyā rahas-tarpaṇa-tarpitā
84. **Sadyaḥ-prasādinī viśva-sākṣiṇī sākṣi-varjitā**
ṣaḍ-aṅga-devatā-yuktā ṣāḍ-guṇya-paripūritā

**85. Nitya-klinnā nirupamā nirvāṇa-sukha-dāyinī
nityā-ṣoḍaśikā-rūpā śrīkaṇṭhārdha-śarīriṇī**
**86. Prabhāvatī prabhā-rūpā prasiddhā parameśvarī
mūla-prakṛtir avyaktā vyaktāvyakta-svarūpiṇī**
**87. Vyāpinī vividhākārā vidyāvidyā-svarūpiṇī
mahā-kāmeśa-nayana-kumudāhlāda-kaumudī**
**88. Bhakta-hārda-tamo-bheda-bhānumad-bhānu-santatīḥ
śiva-dūtī śivārādhyā śiva-mūrtiḥ śivaṅkarī**
**89. Śiva-priyā śiva-parā śiṣṭeṣṭā śiṣṭapūjitā
aprameyā svaprakāśā mano-vācām-agocarā**
**90. Cicchaktiś cetanā-rūpā jaḍa-śaktir jaḍātmikā
gāyatrī vyāhṛtiḥ sandyā dvija-vṛnda-niṣevitā**
**91. Tattvāsanā tat'vam'ayī pañca-kośāntara-sthitā
niḥsīma-mahimā nitya-yauvanā mada-śālinī**

92. **Mada-ghūrṇita-raktākṣī mada-pāṭala-gaṇḍa-bhūḥ**
candana-drava-digdhāṅgī cāmpeya-kusuma-priyā

93. **Kuśalā komalākārā kurukullā kuleśvarī**
kula-kuṇḍālayā kaula-mārga-tatpara-sevitā

94. **Kumāra-gaṇanāthāmbā tuṣṭiḥ puṣṭir matir dhṛtiḥ**
śāntiḥ svasti-matī kāntir nandinī vighna-nāśinī

95. **Tejovatī tri-nayanā lolākṣī-kāma-rūpiṇī**
mālinī haṁsinī mātā malayācala-vāsinī

96. **Sumukhī nalinī subhrūḥ śobhanā suranāyikā**
kālakaṇṭhī kānti-matī kṣobhiṇī sūkṣma-rūpiṇī

97. **Vajreśvarī vāma-devī vayovasthā-vivarjitā**
siddheśvarī siddha-vidyā siddha-mātā yaśasvinī

98. **Viśuddhi-cakra-nilayā'rakta-varṇā tri-locanā**
khaṭvāngādi-praharaṇā vadanaika-samanvitā

99. Pāyasānna-priyā tvaksthā paśu-loka-bhayaṅkarī
amṛtādi-mahāśakti-saṁvṛtā ḍākinīśvarī
100. Anāhatābja-nilayā śyāmābhā vadana-dvayā
daṁṣṭrojjvalā'kṣa-mālādi-dharā rudhira-saṁsthitā
101. Kāla-rātryādi-śaktyaugha-vṛtā snigdhaudana-priyā
mahā-vīrendra-varadā rākiṇyambā-svarūpiṇī
102. Maṇipūrābja-nilayā vadana-traya-samyutā
vajrādikāyudhopetā ḍāmaryādibhir-āvṛtā
103. Rakta-varṇā māṁsa-niṣṭhā guḍānna-prīta-mānasā
samasta-bhakta-sukhadā lākinyambā-svarūpiṇī
104. Svādhiṣṭhānāmbuja-gatā catur-vaktra-manoharā
śūlādyāyudha-sampannā pīta-varṇā'ti-garvitā
105. Medo-niṣṭhā madhu-prītā bandhinyādi-samanvitā
dadhyannāsakta-hṛdayā kākinī-rūpa-dhāriṇī

106. **Mūlādhārāmbujārūḍhā pañca-vaktrā'sthi-saṁsthitā aṅkuśādi-praharaṇā varadādi-niṣevitā**

107. **Mudgaudanāsakta-cittā sākinyambā-svarūpiṇī ājñā-cakrābja-nilayā śukla-varṇā ṣad-ānanā**

108. **Majjā-saṁsthā haṁsavatī-mukhya-śakti-samanvitā haridrānnaika-rasikā hākinī-rūpa-dhāriṇī**

109. **Sahasra-dala-padmasthā sarva-varṇopaśobhitā sarvāyudha-dharā śukla-saṁsthitā sarvatomukhī**

110. **Sarvaudana-prīta-cittā yākinyambā-svarūpiṇī svāhā svadhā'matir medhā śruti smṛtir anuttamā**

111. **Puṇya-kīrtiḥ puṇya-labhyā puṇya-śravaṇa-kīrtanā pulomajārcitā bandha-mocanī barbarālakā**

112. **Vimarśa-rūpiṇī vidyā viyadādi-jagat-prasūḥ sarva-vyādhi-praśamanī sarva-mṛtyu-nivāriṇī**

113. Agra-gaṇyā'cintya-rūpā kali-kalmaṣa-nāśinī
kātyāyanī kālahantrī kamalākṣa-niṣevitā
114. Tāmbūla-pūrita-mukhī dāḍimī-kusuma-prabhā
mṛgākṣī mohinī mukhyā mṛḍānī mitra-rūpiṇī
115. Nitya-tṛptā bhakta-nidhir niyantrī nikhileśvarī
maitryādi-vāsanā-labhyā mahā-pralaya-sākṣiṇī
116. Parāśaktiḥ parāniṣṭhā prajñāna-ghana-rūpiṇī
mādhvī-pānālasā mattā mātṛkā-varṇa-rūpiṇī
117. Mahākailāsa-nilayā mṛṇāla-mṛdu-dor-latā
mahanīyā dayā-mūrtir mahā-sāmrājya-śālinī
118. Ātma-vidyā mahā-vidyā śrī-vidyā kāma-sevitā
śrī-ṣoḍaśākṣarī-vidyā trikūṭā kāma-koṭikā
119. Kaṭākṣa-kiṅkarī-bhūta-kamalā-koṭi-sevitā
śiraḥsthitā candra-nibhā bhālasth'endra-dhanuḥ-prabhā

120. **Hṛdayasthā ravi-prakhyā trikoṇāntara-dīpikā**
dākṣāyaṇī daitya-hantrī dakṣa-yajña-vināśinī
121. **Darāndolita-dīrghākṣī dara-hāsojjvalan-mukhī**
guru-mūrtir guṇa-nidhir go-mātā guha-janma-bhūḥ
122. **Deveśī daṇḍa-nītisthā daharākāśa-rūpiṇī**
pratipan-mukhya-rākānta-tithi-maṇḍala-pūjitā
123. **Kalātmikā kalā-nāthā kāvyālāpa-vinodinī**
sacāmara-ramā-vāṇī-savya-dakṣiṇa-sevitā
124. **Ādiśaktir ameyā'tmā paramā pāvanākṛtiḥ**
aneka-koṭi-brahmāṇḍa-jananī divya-vigrahā
125. **Klīṅkārī kevalā guhyā kaivalya-pada-dāyinī**
tripurā trijagad-vandyā trimūrtir tridaśeśvarī
126. **Tryakṣarī divya-gandhāḍhyā sindūra-tilakāñcitā**
umā śailendra-tanayā gaurī gandharva-sevitā

127. Viśva-garbhā svarṇa-garbhā'varadā vāg-adhīśvarī
dhyāna-gamyā'pari-cchedyā jñānadā jñāna-vigrahā
128. Sarva-vedānta-saṁvedyā satyānanda-svarūpiṇī
lopāmudrārcitā līlā-klṛpta-brahmāṇḍa-maṇḍalā
129. Adṛśyā dṛśya-rahitā vijñātrī vedya-varjitā
yoginī yogadā yogyā yogānandā yugandharā
130. Icchā-śakti-jñāna-śakti-kriyā-śakti-svarūpiṇī
sarvādhārā supratiṣṭhā sad-asad-rūpa-dhāriṇī
131. Aṣṭa-mūrtir ajā-jaitrī loka-yātrā-vidhāyinī
ekākinī bhūma-rūpā nirdvaitā dvaita-varjitā
132. Annadā vasudā vṛddhā brahmātmaikya-svarūpiṇī
bṛhatī brāhmaṇī brāhmī brahmānandā bali-priyā
133. Bhāṣā-rūpā bṛhat-senā bhāvābhāva-vivarjitā
sukhārādhyā śubha-karī śobhanā-sulabhā-gatiḥ

134. Rāja-rājeśvarī rājya-dāyinī rājya-vallabhā
rājat-kṛpā rāja-pīṭha-niveśita-nijāśritā
135. Rājya-lakṣmīḥ kośa-nāthā catur-aṅga-baleśvarī
sāmrājya-dāyinī satya-sandhā sāgara-mekhalā
136. Dīkṣitā daitya-śamanī sarva-loka-vaśaṅkarī
sarvārtha-dātrī sāvitrī sac-cid-ānanda-rūpiṇī
137. Deśa-kālāparicchinnā sarvagā sarva-mohinī
sarasvatī śāstramayī guhāmbā guhya-rūpiṇī
138. Sarvopādhi-vinirmuktā sadāśiva-pativratā
sampradāyeśvarī sādhv'ī guru-maṇḍala-rūpiṇī
139. Kulottīrṇā bhagārādhyā māyā madhumatī mahī
gaṇāmbā guhyakārādhyā komalāṅgī guru-priyā
140. Svatantrā sarva-tantreśī dakṣiṇā-mūrti-rūpiṇī
sanakādi-samārādhyā śiva-jñāna-pradāyinī

141. Cit-kalā'nanda-kalikā prema-rūpā priyaṅkarī
nāma-pārāyaṇa-prītā nandi-vidyā naṭeśvarī
142. Mithyā-jagad-adhiṣṭhānā muktidā mukti-rūpiṇī
lāsya-priyā laya-karī lajjā rambhādi-vanditā
143. Bhava-dāva-sudhā-vṛṣṭiḥ pāpāraṇya-davānalā
daurbhāgya-tūla-vātūlā jarā-dhvānta-ravi-prabhā
144. Bhāgyābdhi-candrikā bhakta-citta-keki-ghanāghanā
roga-parvata-dambholir mṛtyu-dāru-kuṭhārikā
145. Maheśvarī mahā-kālī mahā-grāsā mahāśanā
aparṇā caṇḍikā caṇḍa-muṇḍāsura-niṣūdinī
146. Kṣarākṣarātmikā sarva-lokeśī viśva-dhāriṇī
tri-varga-dātrī subhagā tryambakā triguṇātmikā
147. Svargāpavargadā śuddhā japā-puṣpa-nibhākṛtiḥ
ojovatī dyuti-dharā yajña-rūpā priya-vratā

148. Durārādhyā durādharṣā pāṭalī-kusuma-priyā
mahatī meru-nilayā mandāra-kusuma-priyā
149. Vīrārādhyā virāḍ-rūpā virajā viśvato-mukhī
pratyag-rūpā parākāśā prāṇadā prāṇa-rūpiṇī
150. Mārtāṇḍa-bhairavārādhyā mantriṇī-nyasta-rājya-dhūḥ
tripureśī jayat-senā nistraiguṇyā parāparā
151. Satya-jñānānanda-rūpā sāmarasya-parāyaṇā
kapardinī kalā-mālā kāma-dhuk kāma-rūpiṇī
152. Kalā-nidhiḥ kāvya-kalā rasa-jñā rasa-śevadhiḥ
puṣṭā purātanā pūjyā puṣkarā puṣkarekṣaṇā
153. Param-jyotiḥ param-dhāma paramāṇuḥ parāt-parā
pāśa-hastā pāśa-hantrī para-mantra-vibhedinī
154. Mūrtā'mūrtā'nitya-tṛptā muni-mānasa-haṁsikā
satya-vratā satya-rūpā sarvāntar-yāminī satī

155. Brahmāṇī brahma jananī bahu-rūpā budhārcitā
prasavitrī pracaṇḍā'jñā pratiṣṭhā prakaṭākṛtiḥ
156. Prāṇeśvarī prāṇa-dātrī pañcāśat-pīṭha-rūpiṇī
viśṛṅkhalā viviktasthā vīra-mātā viyat-prasūḥ
157. Mukundā mukti-nilayā mūla-vigraha-rūpiṇī
bhāva-jñā bhava-roga-ghnī bhava-cakra-pravartinī
158. Chandaḥ-sārā śāstra-sārā mantra-sārā talodarī
udāra-kīrtir uddāma-vaibhavā varṇa-rūpiṇī
159. Janma-mṛtyu-jarā-tapta-jana-viśrānti-dāyinī
sarvopaniṣad-udghuṣṭā śāntyatīta-kalātmikā
160. Gambhīrā gaganāntaḥsthā garvitā gāna-lolupā
kalpanā-rahitā kāṣṭhā'kāntā kāntārdha-vigrahā
161. Kārya-kāraṇa-nirmuktā kāma-keli-taraṅgitā
kanat-kanaka-tāṭaṅkā līlā-vigraha-dhāriṇī

162. Ajā kṣaya-vinirmuktā mugdhā kṣipra-prasādinī
antar-mukha-samārādhyā bahir-mukha-sudurlabhā
163. Trayī trivarga-nilayā tristhā tripura-mālinī
nir-āmayā nir-ālambā svātmārāmā sudhāsṛtiḥ
164. Saṁsāra-paṅka-nirmagna-samuddharaṇa-paṇḍitā
yajña-priyā yajña-kartrī yajamāna-svarūpiṇī
165. Dharmādhārā dhanādhyakṣā dhana-dhānya-vivardhinī
vipra-priyā vipra-rūpā viśva-bhramaṇa-kāriṇī
166. Viśva-grāsā vidrumābhā vaiṣṇavī viṣṇu-rūpiṇī
ayonir yoni-nilayā kūṭasthā kula-rūpiṇī
167. Vīra-goṣṭhī-priyā vīrā naiṣkarmyā nāda-rūpiṇī
vijñāna-kalanā kalyā vidagdhā baindavāsanā
168. Tattvādhikā tattva-mayī tat-tvam-artha-svarūpiṇī
sāma-gāna-priyā somyā sadāśiva-kuṭumbinī

169. Savyāpasavya-mārgasthā sarvāpad-vinivāriṇī
svasthā svabhāva-madhurā dhīrā dhīra-samarcitā
170. Caitanyārghya-samārādhyā caitanya-kusuma-priyā
sadoditā sadā-tuṣṭā taruṇāditya-pāṭalā
171. Dakṣiṇādakṣiṇārādhyā dara-smera-mukhāmbujā
kaulinī-kevalā'narghya-kaivalya-pada-dāyinī
172. Stotra-priyā stuti-matī śruti-saṁstuta-vaibhavā
manasvinī mānavatī maheśī maṅgalākṛtiḥ
173. Viśva-mātā jagad-dhātrī viśālākṣī virāgiṇī
pragalbhā paramodārā parā-modā manomayī
174. Vyoma-keśī vimānasthā vajriṇī vāmakeśvarī
pañca-yajña-priyā pañca-preta-mañcādhi-śāyinī
175. Pañcamī pañca-bhūteśī pañca-saṅkhyopacāriṇī
śāśvatī śāśvataiśvaryā śarmadā śambhu-mohinī

176. Dharā dhara-sutā dhanyā dharmiṇī dharma-vardhinī
lokātītā guṇātītā sarvātītā śamātmikā
177. Bandhūka-kusuma-prakhyā bālā līlā-vinodinī
sumaṅgalī sukha-karī suveṣāḍhyā suvāsinī
178. Suvāsinyarcana-prītā'śobhanā śuddha-mānasā
bindu-tarpaṇa-santuṣṭā pūrvajā tripurāmbikā
179. Daśa-mudrā-samārādhyā tripurāśrī-vaśaṅkarī
jñāna-mudrā jñāna-gamyā jñāna-jñeya-svarūpiṇī
180. Yoni-mudrā trikhaṇḍeśī triguṇā'mbā trikoṇagā
anaghā'dbhuta-cāritrā vāñchitārtha-pradāyinī
181. Abhyāsātiśaya-jñātā ṣaḍadhvātīta-rūpiṇī
avyāja-karuṇā-mūrtir ajñāna-dhvānta-dīpikā
182. Ābāla-gopa-viditā sarvānullaṅghya-śāsanā
śrīcakra-rāja-nilayā śrīmat-tripura-sundarī

183. Śrī-śivā śiva-śaktyaikya-rūpiṇī lalitāmbikā

Lopuksi shantimantrat

Om asatomā sadgamaya
tamasomā jyotirgamaya
mṛityormā amṛtamgamaya
om śāntiḥ śāntiḥ śāntiḥ

Om ohjaa minut epätotuudesta totuuteen,
pimeydestä valoon,
kuolevaisuudesta kuolemattomuuteen.
Om rauhaa, rauhaa, rauhaa.

Om lokāḥ samastāḥ sukhino bhavantū
lokāḥ samastāḥ sukhino bhavantū
lokāḥ samastāḥ sukhino bhavantū
om śāntiḥ śāntiḥ śāntiḥ

Olkoot kaikki olennot kaikissa maailmoissa onnellisia.
Jumalallista rauhaa, rauhaa, rauhaa.

Om pūrṇamadaḥ pūrṇamidam
pūrṇāt pūrṇamudacyate
pūrṇasya pūrṇamādāya
pūrṇam-evā-vaśiśyate
om śāntiḥ śāntiḥ śāntiḥ

Tuo on kokonaisuus, tämä on kokonaisuus;
Kokonaisuus saa alkunsa kokonaisuudesta;
kun kokonaisuudesta otetaan kokonaisuus pois,
kokonaisuus jää jäljelle.
Jumalallista rauhaa, rauhaa, rauhaa.

Om śrī gurubhyo namaḥ – harī om

Kunnioitus Guruille ja Jumalalle!

Bhagavad Gītā – 15. Luku

Lausutaan Amritapurissa ennen ateriaa.
Tämän jälkeen lausutaan Yagna-mantra.

Atha pañcadaśo'dhyāyaḥ puruśottama yogaḥ

Viidestoista luku: Korkeimman Voiman Jooga-

Śrī bhagavān uvāca

Siunattu Herra sanoi

Ūrdhva mūlam adhaḥ-śākham/aśvattham prāhur avyayam
chandāṁsi yasya parṇāni/yas tam veda sa veda vit /1

Viisaat puhuvat samsarasta (jälleensyntymisen merenä) kosmisena puuna, jonka juuret ovat ylhäällä ja oksisto alhaalla. Sitä kutsutaan asvatthaksi ja vedat muodostavat sen lehdet. Siinä missä lehdet suojelevat puuta, vedat suojelevat maailmaa. Ketkä tuntevat tämän kosmisen asvatthan ovat vedojen tuntijoita.

Adhaś cordhvam prasṛtās tasya śākhā
guṇa-pravṛddhā viṣaya-pravālāḥ
adhaś ca mālāny-anusantatānikarmānubandhīni manuṣya-loke /2

Sen oksisto levittäytyy etäälle ja kauas, Jumalan maailmasta ylhäällä ihmisen maailmaan alhaalla, tätä samsaran puuta ravitsevat luonnon ominaislaadut (sattva, rajas ja tamas). Aistikohteet ovat sen nuppuja. Sen juuret, jotka sitovat sielun ruumiiseen ihmisen tekojen mukaan, levittäytyvät kaikille tasoille, ylemmille ja alemmille.

Na rūpam asyeha tathopalabhyate
nānto na cādir na ca sampratiṣṭhā
aśvattham enam suvirūḍha mūlam
asaṅga śastreṇa dṛḍhena chittvā /3

Mutta täällä (ihmisen maailmassa) sen olemus ei ole havaittavissa, ei sen alkukohta, eikä sen loppukohta, eikä runko. Tämän asvattha-puun (aiheuttaman verhon) syvälle ulottuvat juuret on pilkottava intohimottomuuden voimakkaalla miekalla...

Tataḥ padam tat parimārgitavyam
yasmin gatā na nivartanti bhūyaḥ
tam eva cādyam puruṣam prapadye
yataḥ pravṛttiḥ prasṛtā purāṇī /4

ja etsittävä korkeinta purushaa, (henkeä), jonka saavutettuaan ihminen ei koskaan enää palaa tähän maailmaan. Hänen tulisi antaumuksella mietiskellä tuota ikuista henkeä, josta tämä luomakunta vailla alkua virtaa.

Nirmāna-mohā jita-saṅga-doṣā
adhyātma-nityā vinivṛtta-kāmāḥ
dvandvair vimuktāḥ sukha-duḥkha-saṁjñair
gaccanty-amūḍhāḥ padam avyayam tat /5

Harhoista ja tietämättömyydestä vapaat viisaat, jotka ovat vapaat vääristä käsityksistä ja takertumisesta aistikohteisiin, mieli keskittyneenä alati henkisiin ihanteisiin, vapaina kaikista haluista ja ehdottoman tietämättöminä nautinnon jat tuskan kaksijakoisista kokemuksista, todellakin saavuttavat Korkeimman ja ehdottoman kauneuden.

**Na tad bhāsayate sūryo/na śaśāṅko na pāvakaḥ
yad gatvā na nivartante/tad dhāma paramam mama /6**

Tuota (korkeinta ja ehdotonta kauneutta) eivät aurinko ja kuu valaise. Eikä myöskään maallinen tuli valaise sitä. Saavutettuaan tuo tilan ihminen ei koskaan enää palaa (aistien maailmaan). Tiedä, että se on Minun asuinsijani.

**Mamaivāṁśo jīva-loke/jīva bhūtaḥ sanātanaḥ
manaḥ-ṣaṣṭhānīndriyāṇi/prakṛti-sthāni karṣati /7**

Ikuisista ajoista lähtien olen Minä ilmentynyt maailmassa yksilösieluna (jivana). Sielu ilmenee luonnossa viiden aistin kautta, mielen toimiessa kuudentena.

**Śarīram yad avāpnoti/yac cāpy-utkrāmatīśvaraḥ
gṛhītvaitāni saṁyāti/vāyur gandhān ivāśayāt /8**

Kun sielu jättää kehon, (se todellakin) vetää vaikutelmat mukanaan, jotka keho on läpikäynyt aivan samalla tavoin kuin tuuli vie mukanaan kukan tuoksun.

Śrotram cakṣuḥ sparśanam ca/rasanam ghrāṇam eva ca adhiṣṭhāya manaś cāyam/viṣayān upasevate /9

Sielu kokee aistikohteet viiden aistin kautta, eli korvan, silmän, kosketuksen, kielen, nenän ja mielen muodostaessa kuudennen (tavan aistia).

Utkrāmantam sthitam vāpi/bhuñjānam vā guṇānvitam vimūḍhā nānupaśyanti/paśyanti jñāna-cakṣuṣaḥ /10

Ketkä ovat harhanomaisen näkemyksen vallassa, eivät näe sielun todellista olemusta, kun se lähtee kehosta. Eivätkä he näe sielua, joka on kaikkien kokemusten voimien perusta maailmassa, joka rakentuu kolmesta gunasta. Mutta erottelukykyiset, jotka omaavat selkeän ja terävän havaintokyvyn, tuntevat sen.

Yatanto yoginaś cainam/paśyanty-ātmany-avasthitam
yatanto'py-akṛtātmāno/nainam paśyanty-acetasaḥ /11

Joogit, jotka mietiskelevät totuutta, tuntevat sen (atmanin) olevan omassa sydämessään, mutta ne, joiden sydän ei ole puhdas ja joiden mieli on hienostumaton, eivät voi tuntea sitä, vaikka yrittäisivätkin.

Yad āditya-gatam tejo/jagad bhāsayate'khilam
yac candramasi yac cāgnau/tat tejo viddhi māmakam /12

Se loisto, joka saa auringon säteilemään, joka valaisee koko maailmankaikkeuden ja joka tekee kuusta valoisan ja joka saa tulen polttamaan, tiedä että Se olen Minä.

Gām āviśya ca bhūtāni/dhārayāmy-aham ojasā
puṣṇāmi cauṣadhīḥ sarvāḥ/somo bhūtvā rasātmakaḥ /13

Samalla voimalla Minä läpäisen maan ja hallitsen sitä ja kaikkia sen olentoja. Kuun valona minä ravitsen kaikkia kasveja.

Aham vaiśvānaro bhūtvā/prāṇinām deham āśritaḥ
prāṇāpāna-samāyuktaḥ/pacāmy-annam catur-vidham /14

Ja olemalla kaikissa olennoissa sisäinen Vaisvanara Minä autan heitä sulattamaan neljä erilaista ravintoainetta, joita he nauttivat.

Sarvasya cāham hṛdi sanniviṣṭo
mattaḥ smṛtir jñānam apohanam ca
vedaiś ca sarvair aham eva vedyo
vedānta kṛd veda vid eva cāham /15

Minä oleilen kaikissa olennoissa heidän sisäisenä ydinolemuksenaan; Minusta lähtee heidän kykynsä muistaa, samoin kuin heidän unohtavaisuutensa. Minä olen Totuus, jota etsitään kaikissa pyhissä kirjoituksissa. Tiedä, että Minä olen pyhien tekstien paljastaja, samoin kuin pyhien kirjoitusten hengen todellinen tuntija.

Dvāv imau puruṣau loke/kṣaraś cākṣara eva ca
kṣaraḥ sarvāṇi bhūtāni/kūṭa-stho'kṣara ucyate /16

Tässä maailmassa on kaksi olentoa; katoavainen ja katoamaton. Kaikkien olentojen ruumiit ovat katoavaisia; sielu ruumiissa on katoamaton.

Uttamaḥ puruṣas tvanyaḥ/paramātmety-udāhṛtaḥ
yo loka-trayam āviśya/bibharty-avyaya īśvaraḥ /17

On olemassa toinenkin purusa, joka on korkeampi kuin muuttavainen ja muuttumaton, nimeltään Purusottama, ääretön ja ainut maailmankaikkeuden Herra, joka oleilee ylittäen ja läpäisten koko maailmankaikkeuden.

Yasmāt kṣaram atītoham/akṣarād api cottamaḥ
ato'smi loke vede ca/prathitaḥ puruṣottamaḥ /18

Häntä kutsutaan Purusottamaksi ja Hänet tunnetaan sellaisena vedoissa samaten kuin maailmassa, sillä Hän ylittää sekä katoavaisen että katoamattoman.

Yo mām evam asammūḍho/jānāti puruṣottamam
sa sarva vid bhajati mām/sarva bhāvena bhārata /19

Ja Minä olen tuo Purusottama ja joka tuntee Minut sellaisena, on todellakin kaikkitietävä ja hän palvoo Minua kaikin tavoin kaiken ylittävänä katoamattomana – Purusottamana – kaikessa loistossaan.

Iti guhyatamam śāstram/idam uktam mayānagha
etad buddhvā buddhimān syāt/kṛta kṛtyaś ca bhārata /20

Täten olen Minä olen antanut sinulle kaikkein arvokkaimman pyhän opetuksen. Vain tämän (arvokkaan pyhän kirjoituksen) tuntija on todella älykäs – vain hänet on vapautettu kaikista velvollisuuksista.

Om tat sat, iti śrīmad bhagavadgītāsu
upaniṣadsu brahma vidyāyām
yoga śāstre śrī kṛṣṇārjuna saṁvāde
puruṣottama yogo nāma pañcadaśo'dhyāyaḥ

Näin päättyy viidestoista luku, Korkein Jumala, tässä Herran laulamassa upanishadissa, joka käsittelee Brahamanin tiedettä, on joogan pyhä kirjoitus ja Krishnan ja Arjunan välinen vuoropuhelu.

Om sarva-dharmān parityajya mām ekam śaraṇam vraja
aham tvā sarva-pāpebhyo mokṣayiṣyāmi mā śucaḥ (Ch. 18.66)

Luovu kaikista dharmoista ja turvaa yksin Minuun. Minä vapautan sinut kaikista synneistä. Älä murehdi.

Yagna Mantra

Bhagavad Gītā 4.24

Lausutaan perinteisesti ennen ateriaa

Om
Brahmārpaṇam brahma havir
brahmāgnau brahmaṇā hutam
brahmaiva tena gantavyam
brahma karma samādhinā
Om śāntiḥ śāntiḥ śāntiḥ
Om śrī gurubhyo namaḥ
harī om

Om
Rituaali on Brahman ja ruokauhri
on Brahman. Brahman uhraa sen
tuleen, joka on Brahman.
Brahman on se, joka saavutetaan
sulautumalla Brahmanin tekoon.
Om rauhaa rauhaa rauhaa
Om, kunnioitus Guruille ja
Jumalalle!

Ääntämisohjeet

Vokaalit:

a	lausutaan kuin	**a**	sanassa kirj**a**
ā	lausutaan kuin	**aa**	sanassa k**aa**kao
i	lausutaan kuin	**i**	sanassa k**i**rja
ī	lausutaan kuin	**ii**	sanassa k**ii**tos
u	lausutaan kuin	**u**	sanassa **u**ra
ū	lausutaan kuin	**uu**	sanassa kokonais**uu**s
e	lausutaan kuin	**ee**	sanassa **Ee**meli
ai	lausutaan kuin	**ai**	sanassa l**ai**va
o	lausutaan kuin	**oo**	sanassa R**oo**ma
au	lausutaan kuin	**ao**	sanassa l**au**lu

Viiva vokaalin yllä pidentää vokaalin keston. Pitkät vokaalit ovat yhtä pitkiä kuin kaksi vokaalia. Sanskritissa yläviivoja ei kuitenkaan merkitä vokaalien e ja o ylle, koska ne lausutaan aina pitkinä.

ṛ	lausutaan kuin	**r**	sanassa **r**akkaus
ḷ	lausutaan kuin	**l**	sanassa **l**aiva

Konsonantit:

k	lausutaan kuin	**k**	sanassa **k**irja
kh	lausutaan kuin	**ckh**	englannin kielen sanassa O**ckh**am
g	lausutaan kuin	**g**	sanassa **g**ramma
gh	lausutaan kuin	**gh**	englannin kielen sanassa di**g-h**ard
ṅ	lausutaan kuin	**ng**	englannin kielen sanassa si**n**g

c	lausutaan kuin	**ch**	englannin kielen sanassa **ch**air
ch	lausutaan kuin	**chh**	englannin kielen sanassa staun**ch-h**eart
j	lausutaan kuin	**j**	englannin kielen sanassa **j**oy
jh	lausutaan kuin	**dgeh**	englannin kielen sanassa he**dgeh**og
ñ	lausutaan kuin	**ny**	sanassa A**nj**a
ṭ	lausutaan kuin	**t**	sanassa kii**t**os
ṭh	lausutaan kuin	**th**	sanassaligh**th**ouse
ḍ	lausutaan kuin	**d**	sanassa **d**ay
ḍh	lausutaan kuin	**dh**	sanassa re**d-h**ot
ṇ	lausutaan kuin	**n**	sanassa **n**äin

Kirjaimet, joiden alapuolelle on merkitty piste (ṭ, ṭh, ḍ, ḍh, ṇ) ovat palataalikonsonantteja; ne lausutaan kielenkärki kovaa kitalakea vasten.

t	lausutaan kuin	**t**	sanassa **t**ube
th	lausutaan kuin	**th**	sanassa ligh**th**ouse
d	lausutaan kuin	**d**	sanassa **d**ay
dh	lausutaan kuin	**dh**	sanassa re**d-h**ot
n	lausutaan kuin	**n**	sanassa **n**eilikka

Kirjaimet ilman pisteitä ovat dentaalikonsonantteja, jotka lausutaan kieli ylähampaiden alustaa vasten.

p	lausutaan kuin	**p**	sanassa **p**erhonen
ph	lausutaan kuin	**ph**	englannin kielen sanassa u**p-h**ill
b	lausutaan kuin	**b**	englannin kielen sanassa **b**oat
bh	lausutaan kuin	**bh**	englannin kielen sanassa ru**b-h**ard
m	lausutaan kuin	**m**	sanassa **m**aito

ṁ	ennen kurkkuäännettä kuten **ṅ**, ennen kitalakiäännettä kuten **ṇ**, ennen dentaaliäännettä kuten **n** ja ennen huuliäännettä kuten **m**.		
ḥ	ḥ edeltävä vokaali toistetaan h: n jälkeen, esim. aḥ sanassa aha, iḥ sanassa ihi, uḥ sanassa uhu		
ṣ	lausutaan kuin	**sh**	sanassa **sh**ip, kielenkärki kitalakea vasten
ś	lausutaan kuin	**sh**	sanassa **ship**, kieli ylähampaita vasten
s	lausutaan kuin	**s**	sanassa **S**uom**i**
h	lausutaan kuin	**h**	sanassa **H**eikki
y	lausutaan kuin	**j**	sanassa **j**ooga
r	lausutaan kuin	**r**	sanassa **r**akkaus
l	lausutaan kuin	**l**	sanassa **l**aiva
v	lausutaan kuin	**w**	englannin kielen sanassa **W**ednesday

www.ingramcontent.com/pod-product-compliance
Lightning Source LLC
LaVergne TN
LVHW051545080426
835510LV00020B/2866
9781680378566